大人なら知っておきたい

How to say something amazing

すごい『モノの言い方』

佐藤幸一
koichi satoh

SOGO HOREI Publishing Co., Ltd

はじめに

〜〜〜〜〜

　タイトルにある『モノの言い方』は、本書においては、大人なら知っておきたい言いかえのフレーズとテクニックを指していると思ってください。

　何も考えず自然に言葉を口にしているときは、そのときの感情のまま言葉を発しているのではないでしょうか。

　本書で紹介している言いかえは「まず、自分の気持ちを理解し感情をコントロール」、そのうえで「丁寧に言葉を選び、相手に伝える」というコンセプトです。

　感情的に言い放ってしまいそうな不用意な言葉を大人の語彙力と表現で包み、より伝わる言葉にかえるテクニック＝本書の言いかえ、言い方とします。

　「言葉遣い」は人間関係の基本となるものです。

　ぞんざいな言葉を使ってしまうと、そんなつもりはなくても、相手に不快感を与えてしまい、あなたの印象は悪くなってしまいます。

　実際は、言葉だけでなく言葉の発し方（言い方）や

話しているときの表情や仕草、態度などで気持ちは伝わったりするもので、多少の言葉の間違いは気にしなくても問題ないことがほとんどです。

　ただ逆に、口にする言葉や言葉遣いが正しければ、よりあなたの印象はよくなるはずです。また、SNS などの文章で相手に伝えるときは、丁寧な言葉選びなどが大切になってきます。

　本書に載っている言いかえフレーズを、ぜひ、日常のいろいろなシーンで役立ててください。

本書の使い方

この本では、相手に好印象を与え、気持ちよく動いてくれる
言葉やその言い方をシチュエーション別に紹介しています。
家族との日常や職場など日ごろのコミュニケーションに、ぜ
ひ活用してください。

使うシーン
よく使うシーンごとに分けて紹介しています。
知りたいシーンがすぐに探せます。

シチュエーション
どんな状況で使うべきなのか、どういう人に
向けて使うべきなのかを示しています。

普段使うフレーズ
よく使いがちな言い方を示しています。

言いかえフレーズ
相手に好印象を与えるフレーズを紹介しています。

言いかえフレーズを用いた例
言いかえフレーズを用いた実例や応用例を紹介してい
ます。

ワンポイントアドバイス
言いかえフレーズを使うときの注意点や、普段使うフ
レーズの問題点などを紹介しています。

初対面・挨拶

初めて人に会うときに気をつけたいのは、第
一印象です。服装や表情（笑顔）、振る舞い
など外見が重視されがちですが、話し方や口
にする言葉、やりとりももちろん大切です。

初対面の相手に

 会えてうれしいです

 お目にかかれて光栄です

（実例）○○さん、はじめまして。△△と申します。お目に
かかれて光栄です。

POINT 目上の人などに初めて会ったときなどは、上記のよ
うな挨拶をすると洗練された印象を与えます。

緊張しているとき

 人見知りでして

 **初めての人ばかりで
緊張しています**

（実例）私も、初めての場所、初めての人ばかりなので緊張
しています。

POINT 「人見知り」という言葉は拒絶する印象が。その場の
気持ちを表すとお互いリラックスできます。

CONTENTS

はじめに 2

本書の使い方 4

第1章 日ごろの人付き合い

初対面・挨拶 12

パートナー（夫婦・恋人） 16

子育て・親子 20

親戚・ご近所付き合い 24

友人 28

恩師・先輩 34

人の短所（行動） 36

人の短所（考え方） 45

悪口を言いそうなとき 49

SNS・メール 56

コラム 日本語はすごい 60

第2章 職場での言い方

依頼・相談 ……………………………………… 62

指導・指示 ……………………………………… 66

承諾 ……………………………………………… 70

お礼・感謝 ……………………………………… 72

質問・確認 ……………………………………… 76

意見・反論 ……………………………………… 80

断る ……………………………………………… 84

謝罪 ……………………………………………… 86

叱る・注意 ……………………………………… 90

ハラスメント対策 ……………………………… 94

挨拶・自己紹介 ………………………………… 100

雑談・飲み会 …………………………………… 104

テレワーク ……………………………………… 108

コラム 敬語の言いかえはすごい …………… 112

第3章 仕事先での言い方

挨拶・名刺交換 ———————————— 114

依頼 ———————————————— 118

承諾 ———————————————— 122

お礼・感謝 ——————————————— 125

催促・忠告 ——————————————— 129

断る ———————————————— 133

謝罪 ———————————————— 135

商談・打ち合わせ ————————————— 139

接待・会食 ——————————————— 141

雑談・社交辞令 —————————————— 145

メール ——————————————— 149

電話 ———————————————— 151

来客応対 ——————————————— 155

接客・販売 ——————————————— 157

クレーム対応 —————————————— 159

SNS 炎上対策 —————————————— 162

コラム オノマトペがすごい ——————————— 164

第 **4** 章　日常生活にて

お出かけにて ───────────────── 166

ショッピングなど ─────────────── 170

飲食店・パーティー ───────────── 174

病院・お見舞い ─────────────── 178

お祝いごと ───────────────── 182

お悔やみ ────────────────── 186

季節の挨拶 ───────────────── 190

あいまいな言葉 ─────────────── 194

おわりに ────────────────────── 198

装丁デザイン／別府拓（Q.design）
本文デザイン／木村勉
DTP ／横内俊彦
校正／矢島規男
編集／豊泉博司

第 1 章

日ごろの
人付き合い

▼

いわゆるプライベートな人間関係では、仲が
いい人ほど、その距離感が近いためにかける
言葉や言葉遣いが、感情任せになってしまう
もの。口は災いのもとといわれますが、それ
では、仲がいい人との関係ほどトラブルの危
険が増します。家族、夫（妻）、友人、ご近
所さん等々、相手との距離感に合わせた適切
な言い方が大切です。

初対面・挨拶

初めて人に会うときに気をつけたいのは、第一印象です。服装や表情（笑顔）、振る舞いなど外見が重視されがちですが、話し方や口にする言葉、やりとりももちろん大切です。

初対面の相手に

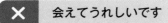

✕	会えてうれしいです

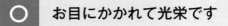

○	**お目にかかれて光栄です**

（実例）○○さん、はじめまして。△△と申します。お目にかかれて光栄です。

POINT　目上の人などに初めて会ったときなどは、上記のような挨拶をすると洗練された印象を与えます。

緊張しているとき

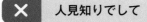

✕	人見知りでして

○	**初めての人ばかりで 緊張しています**

（実例）私も、初めての場所、初めての人ばかりなので緊張しています。

POINT　「人見知り」という言葉は拒絶する印象が。その場の気持ちを表すとお互いリラックスできます。

今後も交流したいと思った相手に

 よろしくお願いします

 お見知りおきください

(実例) ○○と申します。以後、お見知りおきください。

POINT 「お見知りおきください」は、初対面の目上の人に使える鉄板フレーズです。

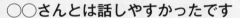

親近感を覚えた相手に

✕ 初めて会った気がしませんね

○ **緊張していましたが、
○○さんとは話しやすかったです**

(実例) 初めての場所で緊張していましたが、○○さんとは話しやすかったです。ありがとうございました。

POINT この場合、思ったことをそのまま言うと胡散臭（う さん くさ）くなります。言いかえると相手の心に近づきます。

相手のことを質問するとき

 失礼ですが……

 **差し支えなければ
お聞きしたいのですが**

(実例) ○○さんが携わってきたお仕事など、差し支えなければお聞きしたいのですが。

POINT 聞きにくい質問は「差し支えなければ」とワンクッション置くと、失礼がなく相手は受けやすいです。

年齢を聞くとき

| ✕ | おいくつですか？ |

| ◯ | 何十代ですか？ |

実例 ◯◯さんは、何十代でしょうか？

POINT 初対面の相手に年齢を聞くことは好ましくありませんが、上記なら幅があり答えやすくなるでしょう。

学歴を知りたいとき

| ✕ | 出身校は？ |

| ◯ | 学生時代は
何を学ばれていたんですか？ |

実例 ◯◯さんは、学生時代に何を学ばれていたんですか？

POINT 年齢と同様に初対面でたずねるのは避けたほうが無難。会話を広げるためなら穏便な聞き方を。

家族構成を知りたいとき

| ✕ | ご結婚されてますか？ |

| ◯ | お休みの日は
何をされてますか？ |

実例 ◯◯さんは、お休みの日など何をされることが多いのですか？

POINT 家族のことをいきなり聞くと無礼に感じる人もいます。話す側の意思で言えるような質問を。

住んでいる場所を聞くとき

 ご住所は？

○ **お近くからお越しですか？**

（実例）○○さんは、お近くからお越しですか？

POINT 場所を細かく聞くと警戒されやすいです。上記のように婉曲にたずねるにとどめましょう。

相手のことをもっと知りたいとき

 何かやってそうですよね

○ **何かスポーツをしてますか？**

（実例）○○さんは、何かスポーツをしてますか？

POINT 見た目から好みや性格を決める物言いは傲慢に聞こえます。この場合、素直にたずねましょう。

相手の印象を伝えたいとき

 ○○さんは真面目ですね

○ **○○さんは真面目な方だな
と私は思いました**

（実例）仕事をしているときなど、○○さんは真面目な方だなと私は思いましたよ。

POINT 褒めたつもりでも、性格を決めつけられたと思われることも。あくまで感じた印象を伝えましょう。

パートナー（夫婦・恋人）

距離感が近い相手には、感情に任せてつい思ったことを口にしがちです。関係を良好に保つには、感情を出す前に思いやりを言葉で表し、伝えることが大切でしょう。

▼

相手の失敗にイラッとしたとき

✕	何やってんの！
○	**少し頭を冷やしたいから、時間をおいていい？**

実例 言いたいことがあるけれど、少し頭を冷やしたいから、時間をおいていい？

POINT 感情的な言葉を投げつけるとモラハラになりかねません。まずは気持ちを落ち着かせましょう。

話を途中でさえぎられたとき

✕	最後まで黙って聞いて
○	**話の続きがあるんだけど、話していい？**

実例 さっき話していたことだけど、その話の続きがあるんだけど、話していいかな？

POINT ムッとしてもまず相手の話を聞いてあげましょう。すると、相手も後から話を聞く気になります。

意見が合わないとき

×	なんでわかんないの？

○	そういう考えもあるね。 私はこう思うけどな

実例 なるほど、そういう考えもあるね。私は○○だと思うけどな。

POINT 相手を否定するのではなく、相手の考えを受け入れつつ、自分の主張を伝えましょう。

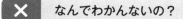

パートナーを人前で褒めるとき

×	顔は中の下だけど……

○	自慢のパートナーだよ

実例 君は、僕の自慢のパートナーだよ。

POINT 照れ隠しで悪口のような冗談を言う人がいますが、いい気分にはなりません。素直に褒めましょう。

交際を解消したいと言われたとき

×	別れたら死ぬかも

○	別れたくない。 もう少し話をさせてほしい

実例 あなたの別れたい気持ちはわかりました。ただ、私は別れたくありません。もう少し話をさせて。

POINT 脅すような態度を取っても逆効果です。率直に気持ちを伝えて話し合いましょう。

協力してくれないとき

✕	少しは手伝って！

〇	手が離せないから、 ゴミ出しをお願い

(実例) 今、子どもの支度をしていて手が離せないから、ゴミ出しをお願いします。

POINT 忙しさは相手に伝わるもので、その上で具体的に指示すると、人は意外と動いてくれます。

家事をしてほしいとき

✕	やってくれないの？

〇	○○をやってくれたらうれしい

(実例) ○○さん、明日の朝、掃除をしてくれるとうれしいです。お願いできますか？

POINT 責めるような言い方をしがちですが「やってくれたらうれしい」と頼むと、相手は動きます。

家事をしてくれる相手に

✕	当たり前でしょ

〇	いつも助かってるよ

(実例) ありがとう。いつも助かってるよ

POINT 家事は大変な作業です。当たり前になっていることこそ、時には感謝を伝えましょう。

相手の帰宅が遅くなったとき

✕ 連絡してよ

◯ 心配になるから、
次からは連絡してほしい

(実例) 何も知らされなくて遅くなるのは心配になってしまいます。遅くなるときは連絡してほしいです。

POINT 相手を思う気持ちを伝えつつ釘を刺すと、相手も素直に行動してくれるでしょう。

1

日ごろの人付き合い

部屋が散らかっているとき

✕ 掃除したら？

◯ 疲れていて大変なら、
分担を考え直そうか

(実例) なかなか片付けができないようだけど、疲れていて大変なら、掃除や片付けの分担を考え直そうか。

POINT 相手が掃除などできない理由がありそうなら、勝手にやらず、まず話し合ってみましょう。

食事を用意してくれた相手に

✕ このおかず飽きたな

◯ 他の料理も食べてみたいな

(実例) いつもおいしい夕飯をありがとう。これもおいしいけど、他の料理も食べてみたいな。

POINT レパートリーを増やすのは大変です。感謝を先に伝えて要望すれば、相手はやる気になります。

子育て・親子

自由に動き回る子どもにイライラしてしまう
こともあるでしょう。言うことを聞いてくれ
ないからと感情的に言うと子どもは耳をふさ
ぎます。寄り添った言葉がけが大切です。

▼

幼い子に注意するとき

✕ ちゃんとしなさい

○ 椅子に座っててね

（実例）○○ちゃん、ここの椅子に座って少しの間じっとし
ていてね。

POINT 抽象的な言い方は幼い子どもはとくにわかりません。
具体的にお願いを伝えるとよいでしょう。

急いでほしいとき

✕ 早くしなさい

○ ○時までにやろうね

（実例）○○ちゃん、じゃあ、7時までに着替えようね。で
きるかな。

POINT 行動が遅いと、つい急かしてしまいます。○時まで
にと具体的に示すと子どももわかりやすいです。

勉強習慣をつけたいとき

 勉強は？

 一緒に勉強しよう

（実例）○○ちゃん、○○時になったから一緒に勉強しよう。
今日は○○をやろう。

POINT 小さいうちから勉強習慣をつけさせたいなら、でき
れば毎日同じ時間に親も一緒に取り組むことです。

宿題をさせたいとき

 宿題しなさい

 何時から宿題やる予定？

（実例）ゲームばかりしてるけど、何時から宿題やるの？
自分で時間決めて宿題始めてね。

POINT 宿題をやる時間を自分で考えて答えさせることで、
子どもに宿題に意識を向けさせられます。

言うことを聞いてほしいとき

 言う通りにしなさい

 **ママ（パパ）はこう思う。
○○はどう思う？**

（実例）どうして○○ができないのかな？　ママは△△だと
思うけど、□□ちゃんはどう思う？

POINT 言うことを聞かない子どもには、上記のようにたず
ねましょう。自分で考えて行動するようになります。

応援するとき

 間違えないようにね

○ **いつもの調子でね**

(実例) ○○ちゃん、いつもの調子で大丈夫だよ、練習通りにね！

POINT 余計なプレッシャーをかけないように、「いつも通り」と言って自信をつけさせてあげましょう。

頑張った成果を褒めるとき

 100点取って偉いね

○ **毎日頑張って勉強したものね**

(実例) ○○ちゃん、毎日頑張って勉強したものね、100点取れてすごいね。

POINT 成果を出したときは、結果よりもそのプロセスと努力した姿勢を褒めるとさらにやる気がアップします。

成長を褒めるとき

 あの○○くんに勝ってすごいね

○ **2カ月前より上手になったね**

(実例) ○○ちゃん、前よりも上手にできるようになったね。前よりも速くなったね。

POINT 比較で褒めるのは効果的ではありません。過去から成長した部分を褒めるといいでしょう。

褒めるとき

✕	すごいね！

○	○○できてすごいね

(実例) 言われる前に宿題を終わらせたんだね。○○ちゃん、すごいね。

POINT 褒めるときには具体的に褒めます。子どもは、親が自分を見てくれているとわかって安心します。

子どもが失敗したとき

✕	だから言ったでしょ

○	次からは気をつけよう

(実例) うまくできなかったけれど、またできるから。次からは気をつけようね

POINT 上から目線の言動は、子どものやる気をなくすもの。子どもの目線になって励ましましょう

言うことを聞かない子を叱るとき

✕	うちの子じゃない

○	言うこと聞いてくれないと、ママ（パパ）はつらいよ

(実例) そんなに言うことを聞いてくれないとパパはつらいよ。周りの人にも迷惑がかかるよ。

POINT 親からの突き放した言葉は禁句です。聞き分けが悪いときは、親の気持ちを伝えて諭しましょう。

親戚・ご近所付き合い

程よい距離感でつき合いたいのが親戚やご近所さんでしょう。困ったことが起きたときなど話し方や伝え方に気をつけないと、トラブルになることもあるので気をつけましょう。

▼

朝早くに近所の人に会ったとき

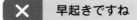

✕	早起きですね
〇	**お早いですね**

（実例） おはようございます。○○さん、お早いですね。

POINT 「早起きですね」よりも「お早いですね」と声をかけるほうが、丁寧な言い方になります。

近所の人とすれ違ったとき

✕	どうも
〇	**これからお出かけですか？**

（実例） こんにちは。今日はいい日和ですね。これからお出かけですか？

POINT 顔見知りなら「どうも」だけでは素っ気ないです。相手が急いでいなければ、たずねるといいです。

ゴミ出しルールを守らない人に

❌ 迷惑ですよ

⭕ 私も
つい間違えちゃうんですが……

(実例) 今日、不燃ごみの日でしたか？　私もつい間違えちゃうんですが、お互い気をつけましょうね。

POINT ルールを知らない人もいるので「私も」と謙虚な前置きをしつつルールを教えると穏便なもの言いに。

長期間留守にするとき

❌ しばらく留守にします

⭕ ○カ月ほど留守にしますので、
よろしくお願いします

(実例) ○カ月ほど留守にしますので、何かありましたらよろしくお願いします

POINT 長期不在は近隣の人が心配することも。出発の際に挨拶して、上記のように伝えましょう。

遠回しに騒音を注意するとき

❌ いつもうるさいですよ

⭕ 大きな音が聞こえたのですが、
大丈夫ですか？

(実例) あの……昨晩、大きな音がそちらから聞こえましたが、大丈夫ですか？

POINT いきなり苦情を言うのではなく、上記のように確認するようにたずねると穏便な言い方になります。

元気な子どもを見たとき

✕	元気ですね
◯	**活発でいらっしゃいますね**

(実例) ○○ちゃんは、活発なお子さんでいらっしゃいますね。

POINT 子どもを褒めるときに、その子の親に「元気ですね」もありですが、上記の言い方は上品な印象に。

静かな子どもを褒めるとき

✕	大人しいですね
◯	**落ち着いていて しっかりしていますね**

(実例) ○○くんは、落ち着いていて、しっかりしたお子さんでいらっしゃいますね。

POINT 「大人しい」はあまりポジティブに聞こえません。上記のように褒めれば、親は喜ぶでしょう。

よその子どもを注意したあと

✕	叱っておきましたよ
◯	**先日注意したのですが、 気にしていませんでしたか?**

(実例) お子さん、危なかったので注意したのですが、その後気にしていませんでしたか?

POINT 近所の子どもに注意したときは、親に会ったら注意したことを気遣うと、恩着せがましくありません。

贈り物をくれる親戚に

✕ いつも助かってます

◯ いつも○○を贈っていただいて、
ありがとうございます

（実例） 先日は、○○を贈っていただいて、ありがとうございます。おいしくいただいてますよ。

POINT 顔を合わせたらお礼を言うのは鉄則。食べ物などなら味の感想などを言えば会話のきっかけにも。

親戚の集まりで

✕ お構いなく

◯ 何かお手伝いさせてください

（実例） ○○さん、何かお手伝いさせてください。お茶とか用意しましょうか。

POINT 親戚が集まると家の人がいろいろ用意してくれるもの。積極的に手伝いを申し出るといいでしょう。

親戚に近況を聞くとき

✕ そろそろ結婚しないの？

◯ 最近の調子はどうですか？

（実例） ○○さん、久しぶりで元気そうですね。最近の調子はどうですか？

POINT 結婚や仕事を聞かれることが負担に感じる人もいます。「最近どう？」と軽く聞くに留めましょう。

● シーン

友人

気心が知れている仲であれば、相談事などされることもある関係です。相手との距離感や冗談交じりの話の内容を間違えたりすると、関係にヒビが入ってしまうこともあります。

▼

久々に会う友人に

✕	心配してた

◯	久々に会えてうれしい

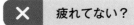 ○○さん、久しぶり〜。会えてうれしいです。

POINT いきなり「心配」などネガティブな言葉を使うより、「うれしい」とポジティブな気持ちを伝えましょう。

体調を聞くとき

✕	疲れてない？

◯	元気だった？

実例 ○○くん、元気だった？

POINT ネガティブな表現は相手が気にしてしまうことも。「元気」などを使うと前向きな気持ちになれます。

近況を聞くとき

 うまくいってる？

○ 最近どう？

（実例） ○○くん、最近どう？　元気そうだね。

POINT あまり相手の状況がわからないときでも、友人であれば、当仕事を聞くとき

仕事を聞くとき

 今どこで働いてるの？

○ 今は何をしてるの？

（実例） ○○さん、今はどんなことしていますか？

POINT たとえ友人でも久々に会って働いている会社など立ち入ったことをたずねるのは不躾です。

会う約束をするとき

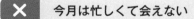 今月は忙しくて会えない

○ 来月なら時間があるから会えるよ

（実例） ○○さん、来月の○日か○日なら空いているよ、会えるよ。

POINT 友人の誘いを断ってばかりでは誘いがなくなるでしょう。先の予定を合わせる姿勢を示しましょう。

29

愚痴や苦労話を聞いたとき

×	大変だ

○	○○なんだね

実例 それは人間関係が難しいんだね。仕事も忙しいんだね

POINT ひと言で済ますより、相手の話をそのまま受け入れて返すと、聞いてもらったと思われます。

相手の話に驚いたとき

×	嘘でしょ？

○	本当に？

実例 それ、本当に？　本当の話なの？

POINT ネガティブさを含むリアクションばかりでは、相手を疑っているような印象を与えます。

相手の話に共感するとき

×	わかる

○	似た経験をしたから、少しわかる気がする

実例 私も、似た経験をしたから少しわかるかもしれない。

POINT なんでも「わかる」と返していると、適当にあしらわれた感じがするものです。

相手が同じ話をしているとき

✕	前にも聞いたよ

○	○○の話だよね。 それ、本当に面白いよね

(実例) それ、この前聞いた○○の話だよね。本当に面白いよね。

POINT 心中はうんざりしても、少しでも興味を持って言葉を返せば、穏便に会話を続けることができます。

相手の話を知っていたとき

✕	知ってる

○	私もこの前知ったよ

(実例) 私もその話、この前知ったよ。本当にびっくりだよね！

POINT せっかく提供した情報なのに「それ知ってる」と言われれば相手はがっかりするでしょう。

相手が間違ったことを言ったときに

✕	そんなわけないよ

○	それって○○じゃなかったっけ？

(実例) 今言ってくれた話って、この前は○○って言ってなかったっけ？

POINT 最初から否定すると相手は傷つくもの。上記のように、まずは穏やかに確認しましょう。

ものをすすめるとき

✕	絶対にいいよ！

○	**これが好きだったから、よかったら試してみて**

(実例) この前「○○」って映画を観たけど私は好きだな。よかったら観てみて。

POINT 「絶対にいい」と強く言うと、相手が率直な感想を言いづらくなります。少し控えめにすすめましょう。

話題や流行に疎い相手に

✕	そんなことも知らないの？

○	**この方面はあまり関心がないんだね**

(実例) それは話題になっているんだけど、あまり関心がないんだよね。

POINT 誰もが同じ興味を持っているわけではありません。大げさに驚けば相手を傷つけてしまうことも。

悩んでいる相手に

✕	気にすることないよ

○	**特になにが気になってるの？**

(実例) ○○さん、そのところのなにが気になっているのかな？

POINT 言い方で悩みを軽んじられたように感じます。より深く話を聞いて、相手の気持ちに寄り添いましょう。

愚痴をこぼしたいとき

 言っても仕方ないけど

○ つまらない話だけど、
聞いてくれる？

（実例） この前あったことなんだけど、わりとつまらない話
だけど、聞いてくれる？

POINT 「仕方ない」の前置きは相手に失礼なことも。遠慮す
るなら「つまらない話〜」と言いかえましょう。

自慢を聞いてほしいとき

 自慢じゃないけど

○ うれしいことがあったから、
ちょっと聞いてくれる？

（実例） あのさ、うれしいことがあったから、ちょっと聞い
てくれます？

POINT ×のほうでは不快なマウンティングに聞こえます。
○に言いかえて、お願いするとよいでしょう。

一緒の外出をドタキャンされたとき

 ドタキャンかよ

○ 一緒に行けないのは残念だよ

（実例） 今日、無理になってしまったんだ。一緒に行けない
のは残念だよ。

POINT ドタキャンした相手が悪いとはいえ、×は責めてい
るようで、関係が悪くなることも。

恩師・先輩

改まって会ったり、何かのイベントなどで顔を合わせる機会がある恩師や先輩たち。お世話になった方々なので、適切な敬意を表したやりとりをしたいところです。

▼

長らく会っていない相手に

✕	私のこと覚えていますか？

○	学生時代にお世話になりました、○○です

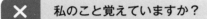 実例　○○さん、お久ぶりでございます。学生時代にお世話になりました△△です。

POINT　記憶を試す聞き方は NG。先にこちらが名乗り、相手との関係を簡単に伝えて挨拶をするのが礼儀。

目上の人に近況を聞くとき

✕	最近どうですか？

○	近頃はいかがお過ごしですか？

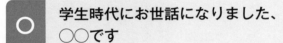 実例　○○さん、お久しぶりです。近頃はいかがお過ごしですか？

POINT　はカジュアルすぎるので、上記の言いかえのように、丁寧に敬意を含めた聞き方がふさわしいです。

久しぶりに会う相手に

 お久しぶりです

 お変わりないですか

(実例) ○○さん、ご無沙汰しております。お変わりないですか

POINT 上記の言いかえは、年配の方たちへの気づかいを感じさせる言い方です。

年配の方に

× **相変わらずですね**

○ **いつまでもお変わりないですね**

(実例) ○○さん、いつまでもお変わりないですね

POINT 昔から変わらず元気な方には、上記の言い方が褒め言葉にもなります。

～～～～～～～～～～～～～～～～～～～～～～～～～～

別れ際に相手を気づかうとき

× **どうぞお元気で**

 どうかご自愛ください

(実例) ○○さん、本日はありがとうございました。どうかご自愛ください。

POINT 目上の人や年配の人には敬意を込めたほうがいいです。相手の健康を気づかう定番の言い方です。

人の短所（行動）

日ごろ関わる人たちの行動に、何か言いたくなってしまうことがあります。感情としてはネガティブな言葉が出ますが、それを言いかえるとやりとりが円滑になります。

▼

相手の行動が遅いとき

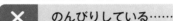

| ✕ | のんびりしている…… |

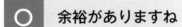

| ◯ | 余裕がありますね |

（実例） ○○さんは、ゆっくりしていて余裕がありますね。

POINT 「のんびり～」は馬鹿にされていると感じる人も。「余裕」にかえると、印象が良くなります。

〜〜〜〜〜〜〜〜〜〜〜〜〜〜〜〜〜〜〜〜〜〜〜〜

マイペースな人に

| ✕ | 気が利かないね |

| ◯ | 物事に動じないですね |

（実例） ○○さんは、周囲のスピードに惑わされず、物事に動じないですよね。

POINT ペースを乱さない人は、周りを見ていないのではなく、物事に動じない心を持っているのです。

行動にグズグズ時間がかかる人

 優柔不断だな……

 思慮深いですね

(実例) 思慮深い○○さんは、考えてから行動に移る人だと
思いますよ。

POINT とりかかりに考えすぎて時間がかかった場合など、
意外といいアイデアが浮かんだりします。

要領が悪くて歯がゆい人に

✕ 要領が悪いんだよ

○ **マイペースですよね**

(実例) ○○さんは、一生懸命にマイペースで取り組んでく
れていますよ。

POINT 要領がいい人から見ると歯がゆいかもしれないが、
相手が精一杯やっているなら「マイペースだ」が◎。

のんびり過ぎる人に

✕ ルーズだ

○ **自分のペースを大切にしていますね**

(実例) ○○さんは、焦っている周囲に惑わされず、自分の
ペースを大切にしていますね。

POINT ルーズな人に注意したいとき「自分のペースで動い
てますね」と言うと、やわらかく聞こえます。

なかなか動かない、腰が重い人に

× 行動力がない

○ **じっくり考える方ですね**

(実例) ○○さんは、動く前にじっくり考える方ですね。

POINT 動かない状態より、動かない理由（じっくり考えること）を好意的に示した言い方が◎

仕事はできるが遅い人に

× 仕事が遅いです

○ **仕事が丁寧なんですよね**

(実例) ○○さんは、時間はかかりますが仕事が丁寧なんですよね。

POINT 能力が劣って遅いわけではなく、丁寧で時間がかかっているのなら、そのプラス面を言うように。

物事の取り組みが遅い人に

× 時間がかかりすぎ

○ **慎重に事を運んでいるんですね**

(実例) 慎重に事を運んでいますね。ちなみに何時までかかりますか？ ○時までに終わりますか？

POINT 仕事が遅い人にはまず○の言い方を。いきなり×を言うと傷つく人もいるでしょう。

深く考えずに行動する人に

✕ 行き当たりばったりだ……

○ 臨機応変ですね

(実例) ○○さんは、行動を変えるのが早くて、臨機応変ですね。

POINT 状況に応じてすぐに行動を変える人を見て、どう言うかの違いです。○は頼もしさを感じます。

テキパキと物事をこなす人に

✕ 要領がいいですね

○ 段取りがいいですね

(実例) ○○さんは、段取りがよくて、よどみなく仕事が進みますよね

POINT ✕を言うと、手抜きがうまいと誤解する人もいます。○にすれば相手も悪い気はしません。

準備なしにすぐ行動する人に

✕ そそっかしいですね

○ 行動が素早いですね

(実例) ○○さんは、思い立ったらすぐ行動に移しますよね。行動が素早いですね。

POINT 準備不足で動き出して失敗ばかりであれば「そそっかしい」。しかし、それほどに第一歩が早いことは○では。

物事を勝手に進める人に

×	強引だ

○	**リーダーシップがある**

(実例) ○○さんは一気に進めてくれて、リーダーシップが
ありますよね

POINT 強引と思われる人は、その強引さが人を引っ張って
いく意味では○の言いかえになります。

態度が大きい人に

×	無礼です

○	**物怖じしませんね**

(実例) ○○さんは、目上の人にも物怖じせずに、直言しま
すよね。

POINT 無礼な人は「物怖じ」していないところが長所とも
いえます。

仕事ができないと思われる人に

×	能力が劣っている

○	**まだ可能性を秘めている**

(実例) まだできていないだけで、これからできる可能性を
秘めているんです。

POINT やる気を起こせばできる場合もあるでしょう。奮起
させるべく、大人なら上記のように言いかえを。

一つのことしかできない人に

✕	応用がきかない

◯	**基本に忠実ですね**

(実例) ○○さんは、あれもこれも手を出さずに、基本に忠実ですね。

POINT 一つを教えるといくつもできる人がいるが、一つのみの人は言われたことをきちんとできる人です。

騒がしい人に

✕	うるさい

◯	**元気がいいですね**

(実例) ○○さんは、ずっと楽しくお話しされていて、本当に元気がいいですね。

POINT 「うるさい」と言うと角が立ちます。騒がしいほどに声を出せるのは、元気がいい証拠でもあります。

突飛な行動をとる人に

✕	常識知らず

◯	**子ども心も持っている**

(実例) あの楽しい発想や行動をする○○さんは、子ども心をもっていらっしゃるんでしょう。

POINT 常識が通じない変わった人を評するには、◯の表現が使えます。

気弱い態度をとる人に

| ✕ | 気弱で頼りないな…… |

| ◯ | **やさしいですね** |

(実例) ○○さんは、迷惑をかけまいと気配り屋さんで、おやさしいですよね。

POINT 気弱な感じの人には、相手の能力には触れず、性格の良さや姿勢について強調すると肯定的に。

同じことを繰り返す人に

| ✕ | しつこいな |

| ◯ | **粘り強いですね** |

(実例) 何度も何度も繰り返していて、本当に粘り強いですよね。

POINT しつこい性格も「粘り強い」と言い換えると美徳として表現できます。

落ち着きがない人に

| ✕ | せっかちですね |

| ◯ | **頭の回転が速いですね** |

(実例) ○○さんは、機転が利くというか、行動も早いですよね。頭の回転も速いですしね。

POINT 「せっかち」は嫌味な言葉にあたります。相手に嫌われたくなければ、頭の回転や行動が速いと言うと◎。

無表情で見てくる人に

✕ 不愛想ですね

◯ クールな雰囲気ですね

（実例） ◯◯さんは、あまり感情を表に出さない、クールな
雰囲気ですね。

POINT ✕の言葉はネガティブな印象に。無表情＝クールと
して表現すれば悪い印象ではなくなります。

つい人を見つめてしまう人に

✕ 目つきが悪いですね

◯ キリリとした目鼻立ちですね

（実例） ◯◯さんとはよく目が合いますね。◯◯さんはキリ
リとした目鼻立ちをされてますよね。

POINT どんなに目つきが悪い人でもストレートに言うと角
が立ちます。「悪い」という表現は避けましょう。

いろいろと注文や文句をつける人に

✕ 文句が多い

◯ ご自分の意見をお持ちなんですね

（実例） ◯◯さんは、注文が多いというか、自分の考えや意
見を持っているということですよ。

POINT 文句の多い人のことをそのまま言うと角が立ちます。
◯のように言いかえるのが無難です。

つき合い上手な人①

✕	八方美人
◯	**誰とでも仲良くできますね**

(実例) ○○さんは、すぐに誰とでも仲良く、打ち解けられますよね。

POINT 誰とでも仲良くできる人を形容するとき「八方美人」は皮肉に聞こえます。

つき合い上手な人②

✕	立ち回りがうまい
◯	**周りがよく見えていますね**

(実例) ○○さんは、いろいろな人とお付き合いがあって、周りがよく見えていらっしゃいますよね。

POINT ✕の言葉には私利私欲的な印象の悪さがあります。ほめる言い方なら◯のようにしましょう。

人付き合いが苦手そうな人に

✕	友だちがいないのでは
◯	**自立してるんですね**

(実例) ○○さんは、あまり人と群れずにマイペースで、自立されているんですね。

POINT ✕では「寂しい人」という印象が。それはさておき、「自立」と言えばポジティブな印象になります。

● シーン

人の短所（考え方）

日ごろ関わる人たちそれぞれの性格は、合う
ところもあれば嫌なところもあるでしょう。
そんなこちらにとっての短所をそのまま言っ
てしまっては角が立ってしまいます。

真面目で頭が固い人に

 堅苦しくて頑固ですよね

 きちんとしていらっしゃいますね

（実例） ○○さんは、真面目できちんとしていらっしゃいま
すよね。

POINT 「堅苦しい人」はネガティブな印象。「きちんとした
人」は悪口にはなりません。

考えを変えない人

 頑固だな……

 意志が固いですね

（実例） ○○さん一人だけ「NO」を貫き通すなんて、本当
に意志が固いですね。

POINT 一人だけ反対している人に「意志が固いですね」と
言うと、ほめ言葉に聞こえたりします。

失敗を恐れる人

✕	気が小さい

◯	**謙虚ですよね**

(実例) ○○さんは、失敗や批判を恐れているのではなくて、まず謙虚な姿勢で取り組み始めるようです。

POINT 失敗を恐れて行動しない人を「気が小さい」と言いがちですが、その姿勢は「謙虚」ともいえます。

細かいことにくよくよする人に

✕	小心者だな

◯	**慎重なんですよね**

(実例) ○○さんは、慎重なんですよね。細かいことに目が向いて、石橋を叩いて渡るタイプですか?

POINT 細かいことを気にするということは、気が小さいとも言え、とても慎重派とも言いかえられます。

些細なことを気にする人に

✕	細かいこと気にしないで

◯	**とても几帳面ですよね**

(実例) 細かい点まで神経が行き届いて、○○さんはとても几帳面ですね。

POINT 「細かい」→「几帳面」にすると、聞いた印象がとてもよくなります。

46

メンタルが弱そうな人に

 性格が弱いですね

 ナイーブで繊細なんですよね

(実例) ○○さんは、いつもいろいろ気にされていて、ナイーブで繊細なんですよね。

POINT 「性格が弱い」→「ナイーブ」とかえると長所のイメージになります。

物事を理屈で捉えがちな人

 理屈っぽい

 論理的だ

(実例) ○○さんは、論理的な思考をお持ちで、いつも論理的に話をしてくれますね。

POINT ビジネスシーンでは使える思考や話し方なので、×の言い方では、ほめ言葉にすらなっていません。

思い込みが強い人に

 視野が狭いですね

 集中しているんですね

(実例) ○○さんは、他のいろいろなことに目がいかずに、集中して思い込んで、考えているんですね。

POINT 思い込んだら他に目が行かないということは、見方を変えれば、一つに集中できるということです。

いわゆるオタク気質な人に

 × マニアックですね

 ○ **専門的知識すごいですね**

（実例）○○さんはネットゲームの専門的知識が本当にすごいですね。

POINT 相手を変わり者扱いしない言葉選びが大切です。他より一つのことに精通しているという言い方を。

物事に執着気味の人に

× あきらめが悪い

○ **失敗してもくじけない**

（実例）いろいろとこだわりがあるようですね。だからたとえ失敗しても、すぐにはくじけないですよね。

POINT 「あきらめが悪い」ということは、何があってもくじけないというポジティブさももっています。

新鮮味にかけると感じたとき

× ありきたりだな

○ **やはり王道ですよね**

（実例）今度の新作ドラマ、キャストは大御所、物語は勧善懲悪の王道の刑事ものですね

POINT 「ありきたり」という言葉の印象がよくありません。「王道」「定番」にかえると印象がよくなります。

悪口を言いそうなとき

つい、どうしても悪口や文句を言いたくなるときがあります。感情が先走ってそのまま言ってしまうと相手を傷つけかねません。言い方をかえると、ほめ言葉になったりします。

優柔不断な感じの人①

 すぐに意見を変える

 変化に対応できる

（実例）○○さんは、事態の変化に柔軟に対応できますよね。

POINT 状況等が変わるとすぐ意見を変える人がいます。それを優柔不断と思わず言いかえの○のように。

優柔不断な感じの人②

 人の意見に左右される

 人の意見を尊重する

（実例）○○さんは、いろいろな方の意見を聞いたとき、それぞれの意見を尊重されますよね。

POINT いろいろな人の意見にそれぞれ同調してしまう人を×のように言ってしまうと、印象は悪いです。

優柔不断な感じの人③

✕	信念がない
○	**柔軟な姿勢だ**

(実例) 世の中の動きに対応が早い○○さんは、柔軟な姿勢で、柔軟な発想を持っていらっしゃる。

POINT とくに世の中の動きに応じて意見を変えるような人を✕としてしまうと、不本意に思われかねません。

自分勝手な感じの人に①

✕	独りよがり
○	**考えに自信があるんですね**

(実例) ○○さんは、いつもご自分の考えに自信をもっていらっしゃいますね。

POINT 自分勝手に決める人を「考えに自信があるから」と言えば、ほめ言葉にかえられます。

自分勝手な感じの人に②

✕	人の意見に耳を貸さない
○	**信念が強い方ですね**

(実例) 信念を強く持って貫き通すのも、勇気がいることですよね。すごいと思います。

POINT ✕のように言えば悪口になります。人の意見を聞かない→「信念が強い」とすればほめ言葉に。

取り立てて目立つところがない物事に

| ✕ | 普通で平凡ですね…… |

| ○ | それはなかなかですね |

（実例）○○さんの発表は、なかなかの水準でした。

POINT 平凡な物事に対しては「なかなか」などと言いかえると、ほめているようにもなります。

存在感のない人に

| ✕ | おとなしすぎる |

| ○ | 協調性が高いですね |

（実例）○○さんは、みんなの意見にあまり口を挟まない、協調性が高い方なんです。

POINT もの静かな人は、存在感がないかもしれないが、周りの話を聞いて受け入れていると捉えられます。

平凡で目立たずにいる人に

| ✕ | 特徴がない |

| ○ | ソツなくこなしますよね |

（実例）○○さんは、要領もよくてソツなくこなしますよね。

POINT 目立たない人には際立った短所もない、つまり平均点かその少し上くらいこなせる人ということ。

自己主張が強めの人に

×	遠慮がない

○	**堂々としてますね**

実例 ○○さんは、いつも自分の主張をしっかりおっしゃっていて、堂々としていますよね。

POINT いわゆるズケズケとした態度の人は、自分の価値観で動いているともいえる。そこで「堂々」と形容を。

目立ち気味で鼻につく人に

×	派手ですね

○	**印象に残りますね、華やかですね**

実例 ○○さんの、ファッションや振る舞いはとっても華やかで、印象に残りますね。

POINT 身なりや言動が目立つ人を「派手」と言うと悪口になることも。○の言葉に言いかえましょう。

服などのセンスが地味に思える人に

×	いつも地味ですね

○	**素朴な感じですよね**

実例 ○○さんの素朴な雰囲気が趣味の良さを感じます。

POINT 「地味」はマイナスなイメージを含んでいる言葉です。「素朴」のほか「シンプル」にかえても○。

実年齢（若い）よりかなり老けた感じの人に

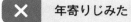

× 年寄りじみた

○ 大人の雰囲気がありますね

(実例) ○○さんは、お若いのに、大人の雰囲気が漂ってますよね。

POINT 年寄りじみているとは言わず、年配＝大人ということで、○のように言いかえると◎。

古臭いと思われるもの

× ボロいですね

○ 歴史や伝統を感じますね

(実例) ○○さんのお宅にある机や椅子などの家具は、伝統を感じるものですね。

POINT 古い物には年月を経てこそ出る味わいがあったりします。そこを「伝統」「風格」と表現しましょう。

センスが悪い人に

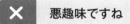

× 悪趣味ですね

○ 個性的で、独特の趣味ですよね

(実例) ○○さんは、個性的で、独特の趣味ですよね。

POINT 好みは人それぞれなので「悪趣味」と言うことは避けるべき。○の言葉に言いかえましょう。

古臭いセンスの人に

✕	時代遅れですね

〇	**時代に流されない感覚ですね**

(実例) ○○さんのそのファッションセンスは、時代に流されない感じですよね。

POINT 流行など気にしない人もいます。それが悪いわけではないので、✕と言わなくいいものです。

物事が長続きしない人に

✕	飽きっぽい

〇	**多趣味ですね**

(実例) 先日までは○○が好きとおっしゃっていて、今は△△ですか。多趣味ですね。

POINT 誰でも他に目が向くことはあります。他の多くに目がいくことを肯定的に言いかえましょう。

毎日つまらなそうな人に

✕	趣味がないのでは

〇	**仕事熱心なんですね**

(実例) ○○さんは仕事熱心でいらっしゃるから、趣味の時間などあまりなさそうですよね。

POINT 趣味がないから毎日つまらないというわけではないはず。大人は仕事以外の時間がない場合も。

節約志向の人に

 安物ばっかり

○ **リーズナブルですよね**

(実例) その服、思っていたよりリーズナブルでお得ですよね。

POINT 見るからに安物だとしても、そのまま言わずに「リーズナブル」とすると相手は傷つきません。

平凡な品物などに

 どこにでもあるような

○ **まさに定番物ですね**

(実例) まさに定番物のスタイルで、着回しがききそうですね。

POINT 平凡なものでも「定番」としてその使い方まで含めれば、ほめようと思えばほめることができます。

騒がしいところ

 騒々しい！

○ **活気があって、にぎやかですね**

(実例) 意外にこのお店は活気があってにぎやかですね。

POINT 想像以上に騒々しい店に案内されたときなど、相手を思いやりながら言いかえてみましょう。

SNS・メール

LINEなどSNSでのコミュニケーションでは、
実際に話すときとは別のマナーや伝え方があ
ります。また、文章のやりとりは誤解を招き
やすいので注意が必要です。

▼

LINE の ID を聞きたいとき

✕	LINE の ID 教えてよ
○	都合のいい連絡手段を 教えてくれませんか

(実例) ○○さん、都合のいい連絡手段を教えてくれません
か？

POINT 気軽に教えたくない人もいます。「LINE とか都合の
いい連絡手段を」とぼかして聞きましょう。

X（ツイッター）で面白い投稿にリプライするとき

✕	これは面白い！
○	FF 外から失礼します

(実例) FF 外から失礼します。とっても面白いと思います。

POINT 「FF」はフォロー／フォロワーという意味で、○は
枕詞的に使われます。「こんにちは」なども◎。

Instagram をフォローするとき

✗	フォローしました

○	**初めまして。** **素敵なお写真ですね**

（実例） 初めまして。素敵なお写真ですね。これから、いつ
も拝見させていただきます。

POINT 実際に対面する場合と同じように、最初は挨拶をす
るなど、相手への気づかいが大切です。

Facebook で友達申請をするとき

✗	承認お願いします

○	**先日ご一緒させていただいた** **○○です**

（実例） 先日ご一緒させていただいた○○です。よろしくお
願いします。

POINT 友達申請をするときには、自分がどこで会った誰な
のかを名乗って、挨拶しましょう。

Facebook ページを立ち上げたとき

✗	いいねしてください！

○	**「いいね！」を** **押していただけるとうれしいです**

（実例） できれば「いいね！」を押していただけるとうれし
いです。

POINT たくさん「いいね」が欲しいところですが、あまり
押しつけがましくならないようにしましょう。

メールの件名

✕	今日はありがとうございました

◯	本日の打ち合わせのお礼

実例 （件名欄に）
本日の打ち合わせのお礼

POINT 件名欄に挨拶を書く人もいますが、あまり適切ではありません。本文の内容を端的に書きましょう。

メールの返信がいらないとき

✕	返信不要です

◯	ご返信には及びません

実例 （文末に）よろしくお願い申し上げます。
ご返信には及びません。

POINT ✕では少し突き放した印象を与える表現です。メールの文末に付け加えるようにしましょう。

連続してメールを送るとき

✕	お世話になっております

◯	度々申し訳ございません

実例 （文頭に）〇〇さま
度々申し訳ございません。

POINT 相手の返信の前に、自分から続けてメールを送るときには、実例のように文頭に入れてお詫びを。

メールを間違えて送ってしまったとき①

 すみません、間違えました

○ **大変失礼いたしました。**

（実例）（メール冒頭に）大変失礼いたしました。
　　　　誤ってメールを送ってしまいました。

POINT 本来送るべき相手ではない宛先にメールを送ってしまった場合、気づいたときにすぐ訂正の連絡を。

メールを間違えて送ってしまったとき②

 すみません、間違えました

○ **こちらのメールは、
破棄していただけますか**

（実例）（メールの冒頭に）申し訳ございません。
　　　　お手数ですが、破棄していただけますか。

POINT 間違えて送ったメールについては、破棄してもらうように連絡しましょう。

相手が添付ファイルを忘れているとき

 添付を忘れてますよ

○ **お手数ですが、
再送信していただけますか**

（実例）ファイルが添付されていないようです。
　　　　お手数ですが、再送信していただけますか。

POINT 添付忘れはよくあることです。責めたりせず、教えるような姿勢で連絡しましょう。

日本語はすごい

　日本語は、言語（世界中の言葉）の中でも物事を人に伝える言葉として非常に長けたものだと思います。記号としての文字だけでもご存知の通り平仮名（ひらがな）、片仮名（カタカナ）、漢字など膨大な数があり、それらを組み合わせた熟語、慣用句、ことわざ、言い回し等々さらなる表現パターンで物事を表現したり、伝えたりできるわけです。また逆に、漢字などはその一文字にも意味が込められ、例えば複雑な人の気持ちを漢字一文字で伝えることもできたりします。

　そんな日本語を使うときの形式として、日本語独特の話し方や文章があるわけですが、なかでも人を敬う話し方や言葉＝敬語は、使うだけでも相手を敬っていることが相手にも伝わり、細やかな気配りさえ感じさせる言葉です。大人ならば、円滑なコミュニケーションを（特に年上の方と）したいときに、使わない手はありません。そこで、普段使っている言葉を敬語にかえるという「言いかえ」が必要になってくるのです。

第 2 章

職場での言い方

職場では、職場に合った言葉や言葉遣いが必要です。言うまでもありませんが、上司、同僚、部下、先輩、後輩といったポジションや年代がさまざまな人たちが、仕事の苦労やストレスなどを抱えながら一緒に取り組んでいます。周囲を気遣う大人な言葉遣いとコミュニケーションで、仕事の成果とモチベーションアップにつなげましょう。

依頼・相談

職場ではいろいろな人に頼みごとをする機会があるものです。どんなポジションや部署の人でも、相手が気持ちよく動いてくれるように言う言葉や言い方を工夫しましょう。

▼

ミスがないかなど確認してほしいとき

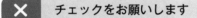

✕ チェックをお願いします

○ **ご確認をお願いします**

（実例） ○○先生、原稿のご確認をお願いいたします。

POINT ○のように丁寧な言葉でお願いすると好印象を与え、気持ちよく見てもらえるでしょう。

特別な相談に乗ってほしいとき

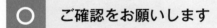

✕ 少しお時間いただけますか？

○ **折り入って相談がありまして**

（実例） ○○さんに、折り入って相談がありまして、お時間をいただけないでしょうか。

POINT 「折り入って」は「特別に」「ぜひとも」という意味。じっくり真剣に相談したいときに使いましょう。

ちょっとした頼みごとを持ちかけるとき

 少しいいですか？

 10分ほどお時間ありますか？

(実例) ご相談したいことがあるのですが、10分ほどお時間よろしいでしょうか？

POINT 相談に必要な時間を具体的に伝えたほうが、相手は聞く気持ちをつくりやすくなります。

書類などを読んでおいてほしいとき

 目を通しておいてください

 ご一読ください

(実例) プレゼン資料を作成しました。ご一読いただければ幸いです。

POINT 「目を通して〜」は、目上の人からは失礼だと思われかねません。「事前に」と加えるのもいいです。

提案した内容を考えてもらいたいとき

 考えておいてもらえませんか

 ご検討をお願いします

(実例) ○○先生、ご多忙と存じますが、ご検討よろしくお願いします。

POINT 決定権を持つ相手に考えてもらうよう頼むときには、上記のように丁寧にお願いしましょう。

簡単な仕事を頼むとき

✕	誰にでもできるような仕事だから
○	**単純作業だけど、
大事な仕事だからお願い**

実例 ○○君、これは簡単だけど大事な仕事だからお願いするよ。

POINT 簡単だからと相手が使い走り扱いされていると感じないように「大事な仕事」と添えましょう。

手助けしてもらいたいとき

✕	協力してください
○	**お力添えをお願いします**

実例 ○○課長、プロジェクトの進行について、お力添えいただけますと幸いです。

POINT 「協力」はお願いする人と相手との対等関係の意味を含みます。目上の人には上記に言い換えます。

アドバイスをもらいたいとき

✕	教えてください
○	**○○の部分について、
ご助言をいただけないでしょうか**

実例 △△の案件につきまして、○○部長のご助言をいただけないでしょうか。

POINT 教えてほしいことを具体的に明示すると、相手は的確なアドバイスをしやすくなります。

忙しそうな人に仕事を頼むとき

 お時間があるときで結構なので

遅くても月末までにお願いします

（実例）○○先輩、来月伺う訪問先へのプレゼン資料を遅くても今月末までにご用意お願いします。

POINT 期日を明示しない依頼は、仕事の優先順位がつけにくいので忙しい人ほど迷惑に感じます。

仕事を依頼するとき

 なるべく早めにお願いします

 ○日までにお願いします

（実例）○○さん、明後日までにプレゼン資料の作成をお願いします。

POINT 仕事を依頼するときの基本として、期日は明確に伝えましょう。相手も予定を立てやすいです。

追加の仕事を頼むとき

 ついでにお願いします

 **この件も
追加でお願いできますか**

（実例）○○さん、A社の後に行くB社へのプレゼン資料もA社の資料の追加で用意をお願いできますか。

POINT 「ついでに」は、頼む相手を軽んじていると感じられることがあります。丁寧に頼みましょう。

● シーン

指導・指示

気持ちよく仕事に取り組んでもらうための言い方や言葉は本当に大切なもの。言い方を少し間違えただけでも相手のモチベーションは下がり、仕事の成果にも響くでしょう。

▼

部下に作業の指示をするとき

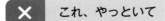

| ✕ | これ、やっといて |

| 〇 | わからないことがあったら
遠慮なく聞いてください |

（実例）プレゼン資料の作り方、わからないことがあったら、遠慮なく聞いてください。

POINT 「やっといて」では丸投げに近いです。サポートする姿勢を示せば、相手は安心して臨めます。

部下に作業を任せるとき

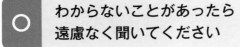

| ✕ | ○○さんにお願い |

| 〇 | ○○さんにお任せしたいです |

（実例）△△社への商品のプレゼンは、○○さんにお任せしたいです。

POINT 「お任せしたい」と言いかえると、信頼感が伝わり、責任をもって引き受けくれるでしょう。

急ぎではない仕事の指示をするとき

 時間のあるときにやっておいてくれると……

 ○時までにお願いします

(実例) この資料のコピーを 10 枚、15 時までに頼みます。

POINT 忙しい人ほど「○時まで」と具体的に期限が定められているほうが仕事をしやすいものなのです。

作業の質を上げてほしいとき

 しっかりやってください

 ここまでやってください

(実例) ○○商事さんに○日までに商談するアポイントをとるところまではやってください。

POINT あいまいな指示はトラブルのもと。「作業が完了したら報告してください」と具体的に指示を。

仕事の覚えが悪い部下の指導で

 これくらいわからないの?

○ どうすればできそうですか?

(実例) 数字の記入漏れなどミスが多いようですが、どうすればミスを減らせそうですか?

POINT 問い詰めてはパワハラになりかねません。相手の考えを聞いて、話し合ってみましょう。

早く仕事を覚えてほしいとき

✕ 今覚えないと、あとで困るよ

◯ この仕事を今月中に覚えてほしい

(実例) そこのプログラムの改定方法は、今月中に覚えてお
いてください。

POINT 脅すような言い方は相手に刺さりません。いつまで
にと、具体的に要望を伝えたほうが建設的です。

実地で覚えてほしいとき

✕ 教える暇がないから見て覚えて

◯ まずは見ていればいいので、
やりながら覚えてください

(実例) 最初は見ているだけでいいので、やりながらだんだ
ん覚えてください。

POINT 教える気がないかのような言い方は相手のやる気が
削がれます。「見る」道筋だけでも示しましょう。

ゆっくり教える時間がないとき

✕ つべこべ言わずにやって

◯ まずやってみて、
わからないことは聞いてください

(実例) 記入の仕方は○○資料を参考にまずはやってみて、
わからないことは聞いてください。

POINT 実際にやってみたほうが早いことは多いです。疑
問・質問を受ければ、相手は安心して挑戦します。

やる気を出してほしいスタッフに

✕	頑張ってよ

〇	**期待していますよ**

(実例) ○○さんには期待しています。○○案件の作業は、実力を発揮するチャンスですよ。

POINT やる気を出さない人には、相手の能力を認めていることを匂わせて、自尊心をくすぐります。

弱音を吐いているスタッフたちに

✕	私のときはもっと大変でしたよ

〇	**私の経験から、役立つことがあれば伝えますね**

(実例) 会議資料の要約作業は時間がかかります。私の経験から、早く仕上げるコツがあれば教えますね。

POINT 「みんなも大変」も厳禁。励ますつもりが人の苦労や努力を比べるのは印象がよくありません。

部下や後輩から意見を求められたとき

✕	なくはないんじゃない？

〇	**それもいいかもね**

(実例) 会議の進行役を持ち回りにする案ですが、それもいいかもしれませんね。

POINT 曖昧な返事は混乱をよびます。たとえ曖昧でも肯定的なことなら「それもあり」とすると納得します。

承諾

依頼を受けたときなど、頼まれ方や内容にもよりますが、基本的には気持ちよく承諾する姿勢でいましょう。また、承諾するときには、あいまいな返事はしないように気をつけて。

▼

上司からの依頼に応えるとき

✕	了解しました

○	承知しました

（実例） 承知いたしました。プレゼンの当日までに準備をさせていただきます

POINT 「了解」には許可の意味合いがあるので、目上の人に使うには不適切。「承りました」も使えます。

頼まれたことに応えるとき

✕	大丈夫です

○	わかりました

（実例） ○○案件の資料作成のことですが、スケジュールを含め、すべてわかりました。

POINT 「大丈夫」は、実際どうなのかわかりづらいです。頼まれ事の返事に曖昧な表現は避けましょう。

70

不得意な仕事を引き受けるとき

✕ そういう仕事は苦手です

◯ その仕事は自信がないのですが、やってみます

（実例）○○商事さんへのプレゼンのスライド作成は、あまり自信がないのですが、やってみます。

POINT 言い訳せず、前向きな姿勢を示しましょう。自信がないときは、できないことを具体的に伝えます。

遠慮しながら引き受けるとき

✕ 私でいいんですか？

◯ 私でお役に立てるなら、お引き受けいたします。

（実例）○○専務の案内役の話ですが、私でお役に立てるなら、お引き受けいたします。

POINT 大役を頼まれたときなど、遠慮する態度を示しながらも、前向きに応じると信頼感が増します。

急な仕事を仕方なく引き受けるとき

✕ 仕方ないのでやります

◯ なんとかできると思います

（実例）わかりました。やってみましょう。なんとかできると思います。

POINT 余裕がないときは、後ろ向きな言い方になりがちです。前向きな言葉は相手も気持ちいいものです。

お礼・感謝

職場でともに働く人たちは、労わりあい、助け合いながら仕事に取り組んでいるもの。助けてもらったり目をかけてもらったなら、しっかりと気持ちが伝わる言葉で感謝を。

ちょっとしたことのお礼で

 すみません

 恐れ入ります

（実例）本日は猛暑のなかお越しいただき、恐れ入ります。

POINT 「恐れ入ります」は、「すみません」と「ありがとう」の両方の意味を含む便利な言い方です。

日頃からお世話になっている相手に

 いつもお世話になります

 いつも気にかけていただき、ありがとうございます

（実例）病気のときに、私のことを気にかけていただき、とてもありがたかったです。

POINT 「気にかけていただき」という理由を入れるとより感謝の気持ちが伝わります。

困ったところを助けてくれた相手に

 ○○さんのおかげで助かりました

 おかげ様で、
無事に解決しました

(実例) おかげ様で、資料の行き違いの件、無事に解決しました。

POINT 「助かりました」は目上の人に言うと失礼にあたります。「おかげで」も少し皮肉に聞こえます。

相談に乗ってくれた相手に

 長々と話を聞いてもらって……

 ○○さんに話してよかったです

(実例) △△のことを○○さんに話してよかったです。気持ちが楽になりました。

POINT ○○さんにと、相手のことを伝えれば、相談にのってくれた相手もうれしく思うはずです。

気づかってくれた相手に

 わざわざありがとうございます

 ご配慮いただき、
ありがとうございます

(実例) 納期を間に合わせるために、いろいろとご配慮いただき、ありがとうございました。

POINT 「わざわざ」は、相手の配慮を不必要なものだと言っているように聞こえるので失礼にあたります。

2

職場での言い方

親身に面倒を見てくれた上司や先輩に

✕ すっかりお世話になりました

◯ 感謝の限りです

実例 計画、スケジュールが滞りなく進行するよう手を尽くしていただき、感謝の限りです

POINT 親身にしてくれた人には、「お力添えいただき、感謝の限りです」などと熱くお礼を言いましょう。

上司にアドバイスをもらったとき

✕ そうなんですね

◯ 貴重なご意見をいただきまして、ありがとうございます

実例 ○○部長、社長へのおもてなしの件、貴重なご意見をいただきまして、ありがとうございました。

POINT 目上の人から指摘や助言をもらったら、「貴重なご意見を」などを入れた丁寧なお礼を言いましょう。

異動するときお世話になった上司に

✕ いろいろとありがとうございました

◯ ひとかたならぬご厚情を賜りました

実例 これまで日々ご指導いただき、ひとかたならぬご厚情を賜りました。ありがとうございました。

POINT 「ひとかたならぬ」とは「並大抵以上の」というような意味で、深い感謝を表す言葉です。

頼んだ仕事をうまくやってくれた相手に

× よい仕事、ありがとうございました

○ ○○さんにお願いして
本当によかったです

（実例）制作図発注の件、○○さんにお願いして本当によか
ったです。助かりました。

POINT 上から目線で褒めているような言い方にならないよ
う「本当によかった」と感想的な言葉を。

期待以上に親切にしてくれた相手に

× ここまでしてくれなくてもよかったのに

○ まさか、
ここまでやってくださるとは

（実例）出していただいたサンプル案、まさかここまで丁寧
に作りこんでくださるとは驚きました。

POINT 相手の素晴らしさに驚き、つい恐縮して「ここまで
やってくれなくても」と言うと失礼です。

一緒に仕事を成し遂げた相手に

× 無事に終わりました

○ お骨折りいただきまして、
ありがとうございました

（実例）今回は作業にお骨折りいただき、誠にありがとうご
ざいました。

POINT 何か協力をお願いしてその仕事が終わった時など、
お礼とともに労をねぎらう意味で言いましょう。

質問・確認

仕事を進めるうえで必要なことは、締め切り
や仕事内容などの確認とわからない場合の質
問です。聞きづらいことなどは言い方ひとつ
でクリアになります。

▼

話の内容がわからないとき

✕	どういうことですか？
◯	～ということで よろしいでしょうか

実例 会議での◯◯さんの発言内容ですが、期間を短縮し
たいというご希望でよろしいでしょうか。

POINT 相手が言っている意味がわからなくても、そのまま
たずねてしまうと不躾に聞こえます。

聞き逃したことを質問するとき

✕	何でしたっけ？
◯	念のため おたずねしたいのですが

実例 申し訳ございませんが、念のため、さきほどの◯◯
についておたずねしたいのですが

POINT 話を聞いていなかった態度は相手を不快にします。
念のために確認すると聞き返すのが適切です。

十分に理解できているか自信がないとき

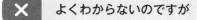

❌ よくわからないのですが

⭕ 私の理解不足で
申し訳ないのですが

（実例）○○さんのお話について、私の理解不足で申し訳ないのですが、△を□にするということですよね。

POINT 「よくわからない」と言うと、説明が下手だったと相手に思わせます。少しへりくだる感覚で。

今すぐ必要ではないが聞いておきたいとき

❌ 一応参考までに教えてもらえますか？

⭕ 後学のために
お聞かせ願えますでしょうか？

（実例）この内訳の各項目の具体的な内容について、後学のためにお聞かせ願えますでしょうか？

POINT 「参考」は自分の考えを決めるための材料という意味なので、相手の話を参考にする場合は失礼に。

驚いて聞き返すとき

❌ それって本当ですか？

⭕ 聞き間違いかもしれませんが

（実例）私の聞き間違いかもしれませんが、○○ということでしょうか？

POINT 「本当ですか？」と聞き返してばかりでは、相手の話を疑っているような印象を与えてしまいます。

相手が理解しているか確認したいとき

✕	今の話、大丈夫ですか？

◯	今の話で、 ご不明のところはないですか？

（実例）ここまで長々と説明してまいりましたが、今の話で、ご不明のところはないですか？

POINT 話の要所ごとに確認することは誤解を防ぎますが、言い方次第では馬鹿にしていると思われます。

聞きにくいことを質問するとき

✕	聞いていいかわかりませんが

◯	立ち入ったことを伺いますが

（実例）○○さんのプライベートについて立ち入ったことを伺いますが〜。

POINT 「立ち入ったことをお伺いします〜」は、相手の立場に寄り添って質問を切り出す定番フレーズ。

話題を変えて質問したいとき

✕	そういえば聞きたいんですけど

◯	つかぬことを伺いますが

（実例）○○の件、ありがとうございました。ところで、つかぬことを伺いますが、△△の件は〜

POINT 「つかぬこと」とは、それまでの話とは関係がないことという意味。切り替えに便利な言葉です。

アイデアが欲しいとき

 どう思いますか？

 お知恵を拝借できますか？

(実例) さきほどから行き詰まってしまったので、ここで○
○さんのお知恵を拝借できないでしょうか。

POINT 「お知恵を拝借～」と、敬意を表しながらアドバイス
を求めると、相手も考えてくれやすいです。

念のために確認したいとき

 忘れているかもしれませんが

 ご承知のこととは存じますが

(実例) すでにご承知のこととは存じますが、次回の会議は
○月○日の○○時から開催ということで～。

POINT たとえ相手が忘れていそうでも「ご承知の～」と始
めると相手に思い出してもらうことができます。

目上の人に教えてもらうとき

 教えてください

 ご教示ください

(実例) ○○専務、この資料の意味をご教示願いますでしょ
うか？

POINT 目上の人や専門家に教えてもらうときに、敬意を表
す定番フレーズです。

意見・反論

仕事上、納得がいかないこともあるでしょう。
そのまま取り組んでいるとストレスを抱える
ことにもなりかねません。自分の意見を伝わ
る言葉と言い方で伝えていきましょう。

ストレートな意見を伝えたいとき

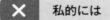

✕	私的には

〇	**率直に申しますと**

実例 ○○さんのご提案について、率直に申しますと△△
だと思います。

POINT 「私的には」は、若者言葉なので職場にはふさわしく
ありません。上記の言いかえが適切です。

控えめに意見を言いたいとき

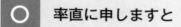

✕	～がいいと思います

〇	**～ではいかがでしょうか**

実例 ○○さんがさきほどおっしゃっていた、△△という
のは、いかがでしょうか？

POINT ただ自分の意見を述べるだけではなく、相手の考え
をたずねるような提案の形にしましょう。

目上の人に意見を述べるとき

 ちょっと言ってもいいですか

 僭越ながら申し上げます

(実例) 僭越ながら申し上げますが、○○という案はいかが
でしょうか？

POINT 「僭越ながら」は、上司や先輩に少し遠慮しつつ、意
見を切り出したいときに使える言葉です。

反対の意見を述べるとき

 なるほど。しかし……

 それも一理ありますね。
それでは、○○はいかがですか？

(実例) それも一理ありますね。それでは、○○を△△に変
えるというのはいかがですか？

POINT 相手の話を一旦受け入れると角が立ちません。続け
て「私はこう思う～」などの言い方が◎。

相手の意見に賛成できないとき

 私は反対です

 意見が分かれるところですが

(実例) みなさんの言いたいことはわかりました。ただ、こ
れは意見の分かれるところですが、私は～。

POINT 頭ごなしに反対ではなく、いろいろな考えがあるこ
とをほのめかすと衝突を避けて話し合えます。

相手の意見に納得できないとき

 納得しかねます

 いくつか確認したい点があります

実例 ○○について、いくつか確認したい点があるのです
が、よろしいでしょうか？

POINT 頭ごなしに否定せず、互いの考えをすり合わせる姿
勢を見せると、前向きな印象を与えます。

目上の人に反論するとき

 それはおかしくないですか

 お言葉を返すようですが

実例 ○○部長、お言葉を返すようですが○○ではないか
と思います。いかがでしょうか？

POINT 目上の人に敬意を忘れず、質問の形にすると、反論
も穏便になります。

相手の意見に待ったをかけるとき

 やめてください

 こうするほうがいいと思います

実例 その意見もわかりますが、私は、○○するほうがい
いと思います。

POINT 禁止する言い方は、相手の反発を招きやすいです。自
分の意見を出しつつ代案を出すと建設的です。

相手の間違いを指摘するとき

✕	それは間違ってます

〇	**もし間違っていたら ご容赦ください**

(実例) 先ほどのご説明の内容、もし間違っていたら
ご容赦ください、○○の部分は〜

POINT 間違いを直接的に指摘すると気まずいものです。自
分の勘違い……という前置きが大人の対応です。

自分の意見を相手が理解していないとき

✕	わかっていませんね

〇	**こちらの説明が 不十分だったようです**

(実例) こちらの説明が不十分だったようです。もう一度ご
説明いたします。

POINT 相手の理解力のせいにするのではなく、自分の言葉
を詫びてから、もう一度説明しましょう。

自分の意見を相手が誤解しているとき

✕	そんなこと言ってません

〇	**もう一度説明させてください**

(実例) ○○の件ですが、行き違いがあるようなので、もう
一度説明させてください。

POINT 不本意な誤解をされると強く否定したくなりますが、
深呼吸したり時間をおいて冷静に応じましょう。

断る

仕事や手伝いを頼まれても、できない状況は
あります。下手な断り方をすると相手を傷つ
けたり、自分の信頼が揺らぐことにも。断る
ときの言い方は細心の注意が必要です。

▼

忙しくてすぐ引き受けられないとき

| ✕ | 今日は無理です |

| ○ | **明日以降の対応でも
よろしいでしょうか？** |

実例 今すぐは厳しいのですが、明日以降の対応でもよろ
しいでしょうか？

POINT すぐに突っぱねると角が立ちます。引き受けよう
しつつ、自分の都合を具体的に伝えてみましょう。

目の前の仕事で手一杯のとき

| ✕ | 今はちょっと忙しくて |

| ○ | **今は厳しいですが、
○時以降でしたら対応できます** |

実例 △△のヘルプ作業、今は厳しいですが、○時以降で
したら対応できますよ。

POINT 今すぐ応じられなくても、いつならできるか明示す
ると、たとえ断っても印象がよくなります。

難しい仕事を断りたいとき

 無理です

 私には荷が重いので

（実例）そこまでプレッシャーのかかる内容ですと、私には荷が重いので、なかなか引き受けることは……。

POINT むやみに断るとやる気がないと思われかねません。「荷が重い」と自分のスキル説明しましょう。

大役の依頼を断るとき

 私には役不足なので……

 私では力不足ですので……

（実例）私では力不足ですので、辞退させてただきます。

POINT 「役不足」は役目が軽すぎることを表す言葉なので、謙遜したいときに使うのは誤用です。

残業を頼まれたとき

 今日は用事があるのでできません

 断れない用事がありまして、〇時まででしたら大丈夫です

（実例）夜の作業については、実は断れない用事がありまして、〇時までの作業でしたら大丈夫ですが……。

POINT 用事があることを伝えつつ、可能な限り引き受けるつもりがあると示すとわりと穏便に断れます。

謝罪

どうしてもミスは起きるもの。そのときには
謝罪し反省する姿勢が大切です。お詫びの言
葉も重要です。相手に心からのお詫びの気持
ちが伝わる謝罪のフレーズを使いましょう。

謝るとき

 すみません

 申し訳ございません

（実例）この度のミス、誠に申し訳ございませんでした。

POINT 「すみません」「ごめんなさい」は、軽くて幼稚に聞
こえてしまう謝罪の言い回しです。

ちょっとしたお詫びで

 すみません

 失礼しました

（実例）その資料のページ番号の間違い、うっかりしていま
した。失礼しました。

POINT 「すみません」よりも程よくかしこまって反省の意を
表すことができる、便利な言い方です。

忘れていたことを指摘されたとき

✕ すっかり忘れていました

◯ 失念しておりました

(実例) 昨日渡された品物、持ってくることをすっかり失念
しておりました。大変失礼いたしました。

POINT うっかり忘れていたときに「忘れていた」と言うよ
りも丁寧な印象になります。

思いもよらない事態になったとき

✕ そこまで考えていませんでした

◯ 考えが及びませんでした

(実例) こんな事態になるなど、考えが及びませんでした。申
し訳ございませんでした。

POINT 「考えてなかった」は言い訳がましく幼稚な印象です。
自分の力不足を認めて謝るのが大人です。

知っておくべきことを知らなかったとき

✕ それは知りませんでした

◯ 私の認識不足でした

(実例) その件については、私の認識不足で大変申し訳ござ
いませんでした。

POINT 自分の知識のなさを素直に出して詫びると好感を持
たれます。変なプライドを出さないように。

恥ずかしいミスをしたとき

✕ やっちゃいました

〇 **面目ありません**

(実例) プレゼン資料のタイトルを間違えてしまい、面目あ
りません。説明して事なきを得ましたが……。

POINT 照れ隠しで「やっちゃいました」と言うと反省して
いないと思われかねません。謝るほうが好印象。

問題が大きくなってしまったとき

✕ 相談しそびれて……

〇 **もっと早くご相談するべきでした**

(実例) ここまで大きなクレームに発展するとは……もっと
早くご相談するべきでした。

POINT 相談できないうちに問題が大きくなってしまったと
きは、自分の至らなさを認め、反省の態度を。

トラブルに対応してもらったあとで

✕ バタバタしていて……

〇 **お騒がせして申し訳ありません**

(実例) 私が慌てたばかりに、いろいろとお騒がせして申し
訳ありませんでした。

POINT ミスやトラブルで人の手を煩わせてしまったり、心
配させてしまったときに使える言葉です。

気をつけていたのにミスしたとき

 一応気をつけていたんですが……

 注意が足りませんでした

(実例) この表の数字の間違いですが、私の注意が足りませんでした。申し訳ございませんでした。

POINT どうしてもミスは起きますが、謝罪時に言い訳は印象が悪いです。不手際を認めましょう。

相手が勘違いしていたとき

 誤解させたようで……

 私の言葉が足りませんでした

(実例) 私の言葉が足りず、勘違いさせてしまったようです。申し訳ありませんでした。

POINT 相手のほうが間違っていると責めるのではなく、自分にも原因があったとすれば、角が立ちません。

間違いを繰り返さないと約束するとき

✕ これからは気をつけます

○ **二度と繰り返さないよう、肝に銘じます**

(実例) ミスで大きな損失を出してしまいました。こんなミスを二度と繰り返さないよう、肝に銘じます

POINT 「肝に銘じる」とは、心に深く刻みつけるという意味です。深く反省する決意が伝わります。

叱る・注意

相手に問題がある場合など、人に注意する場面があるでしょう。下手に責めてしまうと、改善すら期待できません。叱ったり注意する際の意図が伝わる言い方や言葉が重要です。

▼

ミスの原因を聞き出したいとき

✕	どうしてこんなミスしたの

○	**何が原因だと思いますか？**

（実例） 何がミスの原因だと思いますか？ 起こった原因を一緒に考えましょう。

POINT たとえ責めてなくても、言葉でそう感じる人がいます。ミスを一緒に考えようと話し合うのが理想。

反省を促したいとき

✕	反省してください

○	**同じミスをしないために話し合いましょう**

（実例） 同じミスを繰り返さないためには、どうしたらいいでしょうか。対策を話し合いましょう

POINT 「反省」といっても具体的に何をするのか実はわかりません。先の対策を話し合っていくべきです。

仕事が進んでいない相手に

| ✕ | やる気あるの？ |

| 〇 | 集中できていないようだけど…… |

(実例) 何か集中できていないことがありますか？　困って
いることとかありますか？

POINT 責めると、萎縮や反発を起こしかねません。気づか
いを示すと、仕事を進ませる気になりやすいです。

ミスを繰り返す相手に

| ✕ | いい加減にして |

| 〇 | 同じミスが続くと困ります |

(実例) これ以上、同じミスが続くと私も困ります。

POINT 感情的な言動は場の雰囲気も悪くします。「困る」な
ど冷静に気持ちや状況を伝えましょう。

ケアレスミスをした相手に

| ✕ | しっかりしてよ |

| 〇 | ○○さんらしくないですね |

(実例) こんなミスをするなんて、○○さんらしくないです
ね。何か気になることでもありますか？

POINT 上から言うのではなく、普段の働きぶりを持ち上げ
ながら、やんわりと諭すと、相手は反省します。

相手の行動を注意するとき

✕	○○するべきだよね
○	○○してください

(実例) 周囲に迷惑がかかるので、大きな声で話さないようにしてください。

POINT 「べき」が口癖になっていると、主観を押しつけていると思われて聞き入れてもらえない可能性も。

仕事が早くて大雑把な相手に

✕	詰めが甘いよ
○	もう少し丁寧に納得がいくまでやってください

(実例) この仕事は重要なので、納得がいくまで丁寧にやってください。

POINT 一方的に叱ってもやる気は起きません。丁寧に伝えることで、相手はよりじっくり取り組みます。

理解が遅い相手に

✕	読めばわかるでしょ？
○	資料の○ページをよく確認してください

(実例) この点については、資料の○ページに書いてあるので、よく確認してください。

POINT 相手を責めるように叱っては逆効果。具体的に示すことで、相手の理解も追いつきやすくなります。

重要な話を事後報告されたとき

 そんな話、聞いてない

 今度から同様なことがあれば
事前に相談してください

（実例）これからは、大事なことは事前に相談してから決めるようにしてください。

POINT 大事な話を後から言われると寝耳に水な印象で感情的にも。普段から事前に相談するようにしましょう。

仕事が丁寧でも遅い相手に

 のんびりやってないで

 あとの工程があるので
少し急ぎでやってください

（実例）サンプル作成の日程ですが、ここからあとの工程が決まっているので、今少し急ぎでやりましょう。

POINT ただ注意するだけでなく、期限など理由を添えると、相手は間に合わせるようにするはずです。

察しが悪い相手に

 普通に考えたらわかるでしょ？

 私はこう思います

（実例）私は、もっと慎重に対応したと思います。

POINT 「普通なら」と過度な一般化は要注意です。さまざまな人がいる職場では通用しません。

● シーン

ハラスメント対策

以前にも増して、職場では嫌がらせ等のハラスメント行為に対してスタッフたちは敏感になっています。言い方や言葉、相手に対する対応を間違えると訴えられかねません。

▼

失敗が多い部下に

✕	もう次はないよ

◯	**どうすればうまくできるか一緒に考えましょう**

（実例）何か集中できない事情があるなら相談してください。どうすればできるか一緒に考えましょう。

POINT 解雇をほのめかす脅しをかけることはパワハラに当たります。相手に寄り添って話しましょう。

仕事の出来が悪い部下に

✕	社会人失格だよ

◯	**業務のやり方を見直してみませんか**

（実例）どこができていないのか、一緒に業務のやり方を見直してみませんか。

POINT 人格を否定する言葉を言ってしまえば、パワハラになります。前向きな言葉で改善を促しましょう。

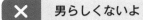
言い訳しようとする男性スタッフに

| ✕ | 男らしくないよ |

| ◯ | 次からは
どうしたらいいと思いますか？ |

(実例) 言いたいことはわかりました。次からはどうしたら
いいと思いますか？

POINT 昔はありがちだった性別を引き合いに出すことは、
不快に思われます。

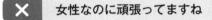
しっかり働いている女性に

| ✕ | 女性なのに頑張ってますね |

| ◯ | よく頑張ってますね |

(実例) ○○さん、よく頑張っていますね。

POINT 「女性なのに」などと性別を引き合いに出すことを不
快に感じる人は増えています。

重い荷物を運ぶとき

| ✕ | 力仕事だから男性に |

| ◯ | 持てそうな人で
一緒に運びましょう |

(実例) 荷物がかなり重いので、持てる人で一緒に運び出し
ましょう。

POINT 性別で仕事や役割を振り分けることは、性差別的だ
とされることもあります。力仕事はできる人で。

来客時にお茶出しを頼むとき

| ✕ | 女性のほうが喜ばれるから |

| 〇 | 手が空いていたら、
お茶をお願いできますか |

実例　○○さん、もし手が空いていたら、お茶をお願いできますか？

POINT　お茶出しは女性の仕事という決めつけは、典型的なジェンダーハラスメントです。

若手を褒めるとき

| ✕ | 若いわりにしっかりしてるね |

| 〇 | しっかりしていて頼もしいね |

実例　○○さんは、自分の考えを持っていて、しっかりしていて頼もしいですね。

POINT　「若いわりに」は、偏見が含まれています。年齢的な言い方もハラスメントに注意です。

流行に詳しい人を褒めるとき

| ✕ | おじさんなのによく知ってますね |

| 〇 | ○○にお詳しいんですね |

実例　さすが、○○さんは、いろいろとお詳しいですね。

POINT　「おじさん（おばさん）なのに」などと、年齢や性別で相手を決めつけないようにしましょう。

産休を申請した女性に

 忙しい時期だけど仕方ないね

 仕事のことは
安心して任せてください

(実例) こちらについては大丈夫ですよ。仕事のことは、安
心して任せてください。

POINT 「仕方ない」のような言葉は、ハラスメントにならな
くても後ろめたく感じさせます。

育休を申請した男性に

 奥さんに任せられないの?

 わかりました。
今後のことは相談しましょう

(実例) 了解しました。仕事についてなど今後のことは相談
しましょう。

POINT 男性の育休取得を阻むような言動は、パタニティハ
ラスメントと呼ばれます。

未婚の社員に

 独身だから責任感が薄いんだよ

 結婚してるかどうかは、
仕事には関係ないですからね

(実例) 仕事に対する責任感については、結婚しているかど
うかは、関係ないですからね

POINT 未婚を理由に評価を下げたり、人格否定をしたりす
ることは、マリッジハラスメントと言われます。

2

職場での言い方

LGBTをカミングアウトされたとき

| ✕ | ソッチ系なんだ |

| 〇 | 話してくれてありがとう。何か希望することはありますか? |

(実例) 言いづらいことを話してくれて、ありがとうございます。何か希望することはありますか?

POINT 相手の性的指向や性自認をからかうような発言は、SOGI(ソジ)ハラスメントに当たります。

SNSでやり取りしたいとき

| ✕ | 「いいね」してよ |

| 〇 | SNSをやってるので、よかったら見てくださいね |

(実例) いろいろとSNSをやってるので、もしよかったら見てくださいね。

POINT SNSの閲覧や「いいね」の強要は、ソーシャルメディア・ハラスメントと呼ばれます。

飲み会に誘うとき

| ✕ | これも仕事のうちだよ |

| 〇 | 無理に飲まなくていいから、よかったら来ませんか? |

(実例) ○○さん、今度の飲み会、無理に飲まなくていいから、よかったら一緒に行きませんか?

POINT いわゆる飲みニケーション、職場での飲酒の強要は、アルコールハラスメントとも呼ばれます。

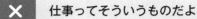

パワハラ被害の相談を受けたとき

✕ 仕事ってそういうものだよ

◯ 話してくれてありがとう

(実例) なかなか言いづらいことを話してくれて、ありがとうございます。 何か協力できることはありますか?

POINT セクハラの相談をまともに取り合わないことを、セカンドハラスメントと言います。

～～～～～～～～～～～～～～～～～～～～～～～～

セクハラ被害の相談を受けたとき

✕ あなたにも落ち度があったんでしょう

**◯ 窓口に相談してみますか?
私から話したほうがいいですか?**

(実例) 相談窓口などに相談してみましょうか? 何か希望はありますか?

POINT 職場ではセクハラ被害を勝手に広められてしまう形のセカンドハラスメントが起きやすいそうです。

～～～～～～～～～～～～～～～～～～～～～～～～

信頼している人に加害者の疑いがあるとき

✕ そんなことする人じゃない

**◯ これからは
言動に注意して見ておきます**

(実例) 言動などに注視しますね。 他に相談できそうな方はいますか? 信用できる人と見ていきましょう。

POINT 相談した相手を疑ってしまうこともあることです。冷静になり、相談者に断った上で他の人に相談を。

挨拶・自己紹介

朝の挨拶から、入社時の挨拶など、とくに始まりのときの挨拶は職場の基本中の基本です。朝だけでなく、人と接する際のコミュニケーションの基本でもあります。

▼

社内で初めて会う相手に

✕	どうも、はじめまして

◯	初めてお目にかかります

(実例) 初めてお目にかかります。営業課の◯◯です。よろしくお願いします。

POINT 同じ職場の相手でも「どうも」はくだけ過ぎです。きちんとした言葉遣いで、丁寧な挨拶をしましょう。

名前だけ知っている相手に

✕	◯◯さん、はじめまして

◯	ご活躍の噂はかねがね伺っております

(実例) はじめまして。◯◯さんのご活躍の噂は、かねがね伺っております。

POINT 一方的に知っている相手と初めて顔を合わせるときは、相手を立てることで好印象を与えられます。

廊下などですれ違ったとき

 お疲れ様です

 こんにちは

（実例）○○さん、こんにちは

POINT 職場ではつい「お疲れ様」となりますが、単なる挨拶なら「こんにちは」などが無難です。

職場で顔なじみの相手に

 お世話様です

 お世話になっております

（実例）○○さん、お世話になっております

POINT ビジネスの場では、常に周囲に敬意を持ち、フランク過ぎない話し方を心がけましょう。

職場でよく会う相手に

✕ また会いましたね

○ 先日に引き続き、
本日もよろしくお願いいたします

（実例）前回から、また引き続き、今回もよろしくお願いします。

POINT よく一緒に仕事をしている親しい相手でも、挨拶を省略するのはよい印象を与えません。

入社したときの挨拶で

✕	よろしくお願いします
〇	何卒ご指導のほど お願い申し上げます

(実例) ○○と申します。何卒ご指導のほど、よろしくお願い申し上げます。

POINT 新しい職場では、仕事を教えてもらうことも多くなります。とくに最初は謙虚な姿勢と挨拶を。

入社の挨拶で謙虚な姿勢を示したいとき

✕	自分なんて全然まだまだなので……
〇	右も左もわからない 未熟者ですが……

(実例) 右も左もわからない未熟者ですが、何卒ご指導のほど、よろしくお願い申し上げます。

POINT 自己紹介であまり卑屈になると頼りなく見えてしまいます。ほどよく謙虚な姿勢を表しましょう。

入社の挨拶で印象をよくしたいとき

✕	何かとご迷惑をおかけするかと思いますが
〇	一日も早く戦力になれるよう 努力してまいります

(実例) ○○と申します。一日も早く戦力になれるよう、精一杯努力していく所存です。

POINT 入社直後は早く成長したいという気持ちを話し、やる気を見せ、ポジティブな印象を与えましょう。

相手をねぎらうとき

 ご苦労様です

 お疲れ様です

(実例) ○○さん、お疲れ様です。

POINT 「ご苦労様」は目上の人が目下の人に使う言葉です。
知らずに言うと人間関係にヒビが入ることも。

久しぶりに一緒に働く相手に

 お久しぶりです

 またご一緒できて光栄です

(実例) ○○さん、またご一緒に仕事ができて光栄です。

POINT 挨拶に加えて相手の名前を言いながら上記を添える
と、印象がよくなります。

新しい配属先での挨拶で

✕ 頑張りますので、よろしくお願いします

○ 皆さまの期待に応えられるよう
精一杯努めます

(実例) ○○と申します。皆さまの期待に応えられるよう、精
一杯努めます。よろしくお願いいたします。

POINT これから一緒に働く人たちへの敬意をにじませ、や
る気をアピールしましょう。

雑談・飲み会

職場の人間関係を円滑にするのが、雑談や飲み会でしょう。話の内容やその受け答えなど、程よい距離感でやりとりをしたいものです。職場の人間関係のマナーにも通じます。

▼

服装が素敵な人に

✕ 今日はおしゃれですね

○ 今日もおしゃれですね

(実例) ○○さんは、今日もおしゃれですね。

POINT 「今日は」と言うと、いつもはダサいと思われているのかな……と気にしてしまう人もいるでしょう。

バッサリと髪を切った人に

✕ 髪型、前よりよくなりましたね

○ 髪型変えたんですね

(実例) ○○さん、髪型変えたんですね。

POINT 髪型の変化に何も言われないと気にする人もいるので、大袈裟すぎず無難な言及に留めましょう。

あまり知られていない話をするとき

| ✕ | 知らないかもしれませんが |

| ○ | ご存知かもしれませんが |

(実例) ○○さんは、もしかしたら、ご存知かもしれませんが、○○の件は〜。

POINT 情報通ぶると相手を見下しているように思われます。相手を持ち上げる意識で話しましょう。

まだ話せないことを聞かれたとき

| ✕ | まだ知らなくていいですよ |

| ○ | はっきり決まったら
そのときお話ししますね |

(実例) ○○の件は、来週には確定するので、そのとき、お話ししますね。

POINT もったいぶった態度は、相手に疎外感を与えます。話せる日の目処を伝えると好印象です。

2

職場での言い方

秘密にしてほしいとき

| ✕ | 誰にも言わないでください |

| ○ | ここだけの話に
してくださいますか? |

(実例) ○○さん、△△の件は来週の会議までは、ここだけの話にしてくれますか?

POINT 禁止する言い方は後ろめたさを相手に与えます。ただし、柔らかすぎると暴露される危険も。

愚痴を聞くとき

 それは最悪ですね

○ **そんなことがあったんですね**

(実例) 昨日は、そんなことがあったんですね。そうですか……。そんなこと言われたんですか。

POINT 愚痴の聞き役になるときは、余計な付け足しをしないで、タイミングよく相槌を打ちましょう。

上司や同僚に不満を持ったとき

 あの人、性格悪いよね

○ **○○さんは、
私とは合わないと感じます**

(実例) 常々思っていたのですが、○○さんは、私とは合わないと感じます。

POINT 特に人の悪口は言わないに越したことはありません。広がりやすいのでとにかく注意しましょう。

他人の悪口に同調したくないとき

 いいところもありますよ

○ **どこで誰が聞いているか
わかりませんから**

(実例) そのお話し、どこで誰が聞いているかわかりませんから、今はやめておきましょう。

POINT 悪口をやめさせたいときは、下手に反論せず、やんわりと口にすることのデメリットを伝えましょう。

飲みに誘うとき

✕ そのうち飲みに行きましょう

◯ 月末あたりに飲みに行きませんか

（実例） ○○さん、週末、一緒に飲みに行きませんか？　会社から少し離れた場所などいかがでしょう。

POINT 社交辞令と思われやすいセリフです。本当に誘うなら具体的に都合を聞くといいでしょう。

飲み会に行きたくないとき

✕ それも仕事のうちですか？

◯ 都合が悪いので、今回は失礼します

（実例） お誘いいただきありがとうございます。せっかくですが、都合が悪いので、今回は失礼します。

POINT 相手によりけりなところはありますが、素直に「行きたくない」と言ってもいいのが現代風です。

2

職場での言い方

上司や先輩におごってもらったとき

✕ こんな高そうなものを……

◯ 思わぬ散財をおかけしました

（実例） ○○課長、思わぬ散財をおかけしました。ごちそうさまでした。

POINT 思いがけず高価なものをおごってもらったときは、あまり恐縮しすぎるよりも、素直に感謝しましょう。

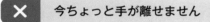

● シーン

テレワーク

在宅で作業を行い、オンラインで会議に参加
するなどのテレワークが業種によっては一般
化しました。その際のコミュニケーションマ
ナーを覚えておきましょう。

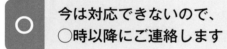

他の仕事で忙しいとき

×	今ちょっと手が離せません
○	**今は対応できないので、 ○時以降にご連絡します**

(実例) 申し訳ございません。今は対応できないので、13
時以降にご連絡します。

POINT テレワークは相手がどの程度忙しいのか察しにくい
もの。対応できる時間を具体的に伝えましょう。

チャットで進捗を確認したいとき

×	あの件どうなってますか？
○	**○○の件は、 どこまで進んでいますか？**

(実例) 先週依頼した○○の件ですが、今、どこまで進んで
いますか？

POINT 進捗を確認したいなら「どこまで進んでいるか」と、
しっかり文章にしましょう。

チャットで仕事を依頼するとき

 これやってください

 ○○をお願いしたいです。
難しい場合はご相談ください

(実例) △△さん、○○をお願いしたいと思っています。難
しい場合はご相談ください。

POINT チャットの言葉は命令や押しつけのように受け取ら
れやすいので、丁寧な文章形式にしましょう。

部下が何をしているかわからないとき

 ちゃんと仕事してる？

 進捗状況を報告してください

(実例) ○○さん、△△の件、進捗状況を本日中に報告して
ください。

POINT 相手の動きがよくわからないからこそ、疑うような
言い方はストレスを与え、信頼関係を損ないます。

オンライン会議で音声が小さい相手に

 おーい、聞こえませんよ

 少し声が遠いようです

(実例) ○○さん、こちらの声は聞こえますか？　○○さん
の声が少し遠いようです。

POINT 音声の不具合など自分の不満を相手にぶつけるのは
失礼です。状況を伝えて相手に気づかせましょう。

先方のマイクが雑音を拾っているとき

 雑音がうるさいです

○ 周りの音が入っているようです

(実例) ○○さんの声が聞き取りづらいです。周囲の音も拾っているようですが、確認願いますか？

POINT マイクなどの機器によるものが原因の不具合なら、その機器の状況を伝えましょう。

共有した画面がフリーズしたとき

 動かないんですけど

○ 画面がフリーズしたようです

(実例) お話の途中で失礼します。画面がフリーズしたようです。みなさんは大丈夫でしょうか？

POINT 自分は気づかないまま相手に不具合が起きたりします。その際はすぐに申告し合いましょう。

共有した画面の資料が見づらいとき

 文字が読めません

○ 資料の文字が小さいので、
拡大していただけますか？

(実例) こちらの画面では文字が小さくて読みづらいので、拡大していただけますか？

POINT パソコンやデバイス等とその設定は使用者によって違うもの。お互い話しながら改善しましょう。

背景画像を使っている相手に

 何か隠してるの？

 背景画像は
TPO に合わせてくださいね

（実例）会議になりますので、背景の画像は TPO に合わせ
てシンプルなものを使ってほしいです。

POINT プライベートが見えやすいため、隠すことも多いも
のです。過度な詮索などはやめましょう。

オンライン会議中に声や物音がしたとき

 誰かいるんですか？

何かあれば、
遠慮なく言ってくださいね

（実例）環境等あるかと思います。何か気になることがあれ
ば遠慮なく言ってください。

POINT 在宅作業の場合、部屋の広さや同居家族の存在など
仕事環境はそれぞれです。お互いに配慮しましょう。

オンライン会議で反応が薄い相手に

 ぼんやりしてないで

 聞こえづらかったら
遠慮なく言ってくださいね

（実例）○○さん、もし音など聞こえづらかったら、遠慮な
く申し出てください。

POINT 相手の様子に対していきなり叱責しては信頼を損な
います。まずは意識を向けさせる言動を。

敬語の言いかえはすごい

　前章最終ページのコラム後半に、敬語への言いかえの必要性を書きました。例えばですが、初対面の相手に対して、または買い物をするときの店員さんに対して、その逆の店員さんがお客様に対して正しい敬語を使えると、そこから気持ちのよいコミュニケーションが生まれ、お互いが幸せな気持ちになれると私は思います。前出コラムで少し触れましたが、敬語には「相手をたてているという気持ちを伝えることができる」「間違いがあっても相手を責めないように伝えることができる」「たとえ自分より立場が下の人でも相手をたて尊重することができる人だと思われる」といった効果をもたらしてくれます。

　家から一歩外に出たら、ご近所さんなど顔なじみの人と出会うだけでなく、見知らぬ人との出会いや関わりがあるはずです。そんなときに、ぜひ敬語を使いたいものです。敬語を自然にスマートに使いこなす人は、素敵な印象を人に与えます。

第 3 章

仕事先での言い方

▼

仕事の取引先、お客様等とのコミュニケーションは、職場内でのやりとりより気を遣うことも。そんなビジネスシーンでは、より社会人としての大人の言葉選びと言葉遣いが大切になります。相手との信頼度を高める適切な言い方、言葉を身につけていきましょう。

挨拶・名刺交換

ビジネスシーン必須の名刺交換。その際、口にする挨拶の言葉や表情、名刺の扱い方でその人の印象は意外と左右されるのだそうです。失礼のない丁寧な対応を心がけましょう。

名前を知らない初対面の相手に

 はじめまして

 初めてお目にかかります

（実例）初めてお目にかかります。△△と申します。何卒よろしくお願い申し上げます。

POINT 上記の言いかえはより大人の印象です。特に目上の人には「お初に〜」とするとさらに丁寧です。

名前を知っている初対面の相手に

 噂には聞いております

 ご高名はかねがね伺っております

（実例）○○さん、初めてお目にかかります。△△と申します。ご高名はかねがね伺っております。

POINT 「ご高名はかねがね」は、相手への敬意を表す定番フレーズです。「噂には〜」は少し印象が悪いです。

名刺交換するときに

 私、こういう者です

 □□社営業部の○○と申します

（実例）申し遅れましたが、私、□□社営業部の○○と申します。

POINT 名刺を渡すときは、自分の所属と名前を口頭で述べましょう。省略するのは失礼です。

相手の名刺の名前が読めないとき

 お名前、何て読むのですか

 どのようにお読みしたらよろしいでしょうか

（実例）大変失礼ですが、お名前はどのようにお読みしたらよろしいでしょうか。

POINT 名前については、下手をすると失礼になることがあるので、礼儀正しく丁寧にたずねましょう。

名刺を忘れたとき

 名刺を忘れてしまって

 ただいま名刺を切らしておりまして

（実例）ただいま名刺を切らしておりまして、ご挨拶だけで失礼いたします。

POINT 「名刺を忘れた」は避けましょう。上記のように言いかえるのが大人の言い方になります。

訪問先で久しぶりに会った相手に

✕	どうもお久しぶりです

○	**その節はお世話になりました**

（実例）その節はお世話になりました。またよろしくお願いします。

POINT 過去に仕事をした相手に会ったとき、挨拶だけで済ますのではなく、お礼を加えると好印象です。

訪問先から帰るとき

✕	それでは、また

○	**本日は貴重なお時間をいただきありがとうございました**

（実例）これで失礼いたします。本日は貴重なお時間をいただきまして、ありがとうございました。

POINT 気さくな挨拶はふさわしくありません。相手への感謝を述べてから立ち去りましょう。

見送ってくれた相手に

✕	失礼します

○	**それでは、こちらで失礼します**

（実例）それでは、こちらで失礼します。お見送りいただき、ありがとうございます。

POINT 玄関先やエレベーターまで見送ってくれた相手に、ここまでで結構ですという意味合いで言いましょう。

新しく着任したときの挨拶

 何かとご迷惑をおかけしますが……

 お役に立てますよう、
全力を注いでまいります

(実例) 前任者に引き続き、お役に立てるよう全力を注いで
まいります。よろしくお願いします。

POINT あまり謙遜しすぎると信用されにくくなります。頼
りがいのある挨拶をしましょう。

担当者変更の挨拶

 担当が変わりました

 新しく担当になりました○○です

(実例) 新しく担当になりました○○です。ご不明点などご
ざいましたら、何なりとお申し付けください。

POINT 担当変更を伝えるだけでは不親切。きちんと自己紹
介をして、誠実に挨拶をしましょう。

異動になったときの挨拶

 あまりお役に立てず、すみませんでした

 ご愛顧いただきまして、
ありがとうございました

(実例) 本日までご愛顧いただきまして、誠にありがとうご
ざいました。

POINT 謙遜したり後ろ向きな言動は印象を悪くしかねませ
ん。挨拶では、素直にお礼を述べるのが無難。

依頼

取引先といった社外の担当者などに仕事や用件を頼むことがあります。自分の要望を明確に伝え、相手の都合も聞くようにするなど、気持ちよい交渉を心がけましょう。

▼

無理なお願いをしたいとき

✕	図々しいお願いですみませんが

〇	**不躾なお願いで恐縮ですが**

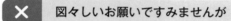 実例 不躾なお願いで恐縮ですが、明日までに報告書を提出していただくことは可能でしょうか?

POINT 上記の言いかえを使えば、失礼を自覚して申し訳なく思っていることを表せます。

頼みにくい依頼をしたいとき

✕	面倒な頼みですみませんが

〇	**このようなお願いをするのは忍びないのですが**

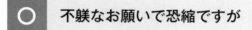 実例 このようなお願いをするのは忍びないのですが、何卒ご協力のほどお願い申し上げます。

POINT 「忍びない」と丁寧に気持ちを言ったあとに依頼の内容を続ければ、申し訳ない気持ちが伝わります。

こちら側の都合でお願いするとき

✕ 一方的なお願いですが

○ 勝手を申し上げて恐縮ですが

(実例) 勝手なお願いを申し上げて恐縮ですが、明日の会議に私の代理で出席していただけませんか？

POINT 自分の都合に合わせてもらいたいときは、へりくだる姿勢を示して相手に受け入れてもらいましょう。

引き受けてもらいにくそうなとき

✕ 難しいとは思いますが

○ 無理を承知でお願いいたします

(実例) 無理を承知でお願いいたしますが、納期は○月○日まででございます。

POINT 難しい依頼は毅然とした態度で臨みましょう。覚悟が伝わり、聞き入れてもらいやすくなります。

遠慮しつつお願いしたいとき

✕ できればお願いします

○ 差し支えなければ、お願いできないでしょうか

(実例) 差し支えなければ、もう少し詳しくお聞かせ願えませんか？

POINT 「できれば」は少し幼い印象です。相手の都合に配慮してお願いしたいときは、上記の言いかえを。

相手に来てほしいとき

✕	来てください

○	**お越しいただけないでしょうか**

(実例) お忙しいとは思いますが、こちらにお越しいただけないでしょうか。

POINT 自分の職場へ来てもらいたいときなど「来てください」では不遜に聞こえます。上記の言いかえが◎。

会って話したいとき

✕	会えませんか

○	**お目通り願えますでしょうか**

(実例) ぜひ、社長にお目通り願いたいと考えています。

POINT 「会えませんか」は馴れ馴れしすぎます。上記のように言いかえましょう。

書類や資料を送るとき

✕	お受け取りください

○	**ご査収のほど、よろしくお願いいたします**

(実例) データをまとめた資料を添付しております。ご査収のほど、よろしくお願いいたします。

POINT 取引先に書類などを送るときに上記のように使うと、洗練された印象になります。

どうしても引き受けてほしいとき

 そこをなんとかお願いします

 伏してお願い申し上げます

(実例) ご意見をお聞かせ願いますよう、伏してお願い申し上げます。

POINT 相手に強くお願いしたいときは、上記のように格式張った言葉のほうが気持ちが伝わります。

事情をわかってほしいとき

 お察しください

 どうかお汲み取りください

(実例) ご無理を申し上げますが、何卒事情をお汲み取りください。

POINT 何でも察してもらおうとするのは印象が悪いです。上記の言いかえで配慮を頼むのが大人の態度です。

締め切りを延期してほしいとき

 延ばしてもらえませんか

 ご猶予をいただけるとありがたいのですが

(実例) 調整に時間がかかっております。恐縮ですが、ご猶予をいただけると、ありがたいのですが……。

POINT そもそも依頼時に無理のない締め切りを交渉するべき。延期は日数を伝えると信頼感が増します。

承諾

取引先や顧客からの依頼・要求は快く引き受け、期待に応えたいところです。依頼されたときに、前向きな姿勢や返答とともに相手に安心感も与えられれば言うことなしです。

▼

快諾するとき

✕	やります

○	**喜んでお受けいたします**

（実例）プロジェクトチームのリーダー役を喜んでお受けいたします。

POINT 「やります」だけでは素っ気ない印象です。上記の言いかえで、相手の印象は格段によくなるでしょう。

取引相手からいつもの仕事を頼まれたとき

✕	わかりました

○	**お任せください**

（実例）誠心誠意務めますので、お任せください。

POINT 日頃から取引をしているからこそ、上記に言いかえることで、相手を安心させることができます。

やりたい仕事を依頼されたとき

 やりたかったんです！

 願ってもないお話です

(実例) そのプロジェクトに参加できるとは、願ってもない
お話です。

POINT うれしさのあまり子どもっぽい言葉遣いにならない
ように、落ち着いて喜びの気持ちを伝えましょう。

新しい仕事を受けるとき

 ありがとうございます

 大変光栄でございます

(実例) このたびはこのような機会をいただき、大変光栄で
ございます。

POINT 新規の依頼などを受けるときは、日ごろより一段上
の表現で感謝を表現しましょう。

頑張る姿勢を示したいとき

 頑張ります！

 精一杯努めてまいります

(実例) プロジェクトの成功のため、精一杯努めてまいりま
す。

POINT 意気込みを表すなら、上記のほか「ご期待に沿うよ
う全力を尽くします」と言うと、誠意が伝わります。

その場で判断できないとき

✕	できたらやります

○	可能かどうか確認して、後ほどご連絡いたします

実例 ○日までにお届けすることが可能かどうか確認して、後ほどご連絡いたします。

POINT 引き受けられるか不明なときは、あいまいな返事をせず、上記の表現で一旦保留すると安心です。

仕方なく依頼を受けるとき

✕	期待しないでください

○	ご期待に沿えるよう努めます

実例 ○日までに仕上げてほしいというご期待に沿えるよう、精一杯努めます。

POINT 後ろ向きな言葉は避け、自信はないけれど可能な限りでという含みを持たせつつ言いましょう。

返事を待ってもらったとき

✕	お引き受けできます

○	お引き受けできる見込みが立ちました

実例 ○○プロジェクトの件、各所の了承が得られ、お引き受けできる見込みが立ちました。

POINT この場合、上記のように言いかえると、手間がかかっていたことをほのめかすことができます。

● シーン

お礼・感謝

いい仕事ができたと相手に感謝するのはもちろん、また次も仕事ができるように心からの感謝を伝えましょう。伝え方、言葉のチョイスで相手の印象は大きく変わるはずです。

▼

応援や手助けに感謝するとき

 助かってます

 大助かりです

（実例）○○をお借りして大助かりでした。本当にありがとうございました。

POINT たった一文字、「大」を足すことで感謝の気持ちを十分に伝えることができます。

丁寧に感謝を伝えたいとき

 ありがとうございます

 心より御礼申し上げます

（実例）○○の節は、大変助かりました。心より御礼申し上げます。

POINT お客様や取引先に感謝を伝えるときは、程よく格式高い言葉のほうが丁寧な印象になります。

3

仕事先での言い方

謙遜しながら感謝するとき

✕	すみません

○	痛み入ります

実例 ○○様のご厚情、本当に痛み入ります。

POINT 相手の思いやりを申し訳なく思いつつ感謝を伝えたいときに、上記のように言いかえましょう。

ちょっとしたミスを指摘されたとき

✕	教えてくれて助かりました

○	親切に注意していただき、ありがとうございます

実例 先日お渡しした資料のミスの件、ご親切に注意していただきまして、誠にありがとうございます。

POINT 「助かります」は、上から目線になる恐れがあります。上記のように素直に感謝して反省しましょう。

指摘や依頼に応じてもらったとき

✕	確認しました

○	ご対応、ありがとうございます

実例 問い合わせに対する迅速なご対応、ありがとうございます。

POINT すぐに対応してくれることを当然だと思わずにお礼を述べると好印象。上記のフレーズは定番です。

特別な配慮をしてもらったとき

 気を遣ってもらって……

 ご高配を賜り、
誠に感謝いたします

（実例） 滞在中は身に余るご高配を賜り、誠に感謝いたします。

POINT 「ご高配」は、相手の心づかいや配慮に敬意を表す言葉です。基本的に書き言葉で使います。

報告やお知らせに続けて

 皆様のおかげです

 これもひとえに、
皆様のご支援の賜物です

（実例） 本プロジェクトがこのような成果を収めることができたのは、ひとえに皆様のご支援の賜物です。

POINT 「ひとえに」や「賜物」などの表現を使えば、特別に深い感謝の意が伝わります。

得意先に

 いつもありがとうございます

 日ごろからご愛顧いただき、
ありがとうございます

（実例） 皆様の日ごろよりのご愛顧に心から感謝申し上げます。

POINT 「愛顧」とは特別に引き立ててもらうことを指し、日ごろから取引のある相手に使う言葉です。

お礼の贈り物をするとき

✕	つまらないものですが
◯	**心ばかりの品ですが、 お納めください**

（実例） 心ばかりではありますが、お土産をご用意いたしました。皆様でぜひお召し上がりください。

POINT 「つまらないものですが」は定番ですが、謙遜が行き過ぎていると思われることが多くなりました。

手土産をもらったとき

✕	わざわざご丁寧にすみません
◯	**お心遣いに感謝いたします**

（実例） 貴社様のお心遣いに感謝申し上げます。誠にありがとうございます。

POINT 「わざわざ……」では、余計なことをしたと相手に思わせてしまいます。素直に感謝を伝えましょう。

贈り物や接待などを断るとき

✕	ありがたいんですが……
◯	**お気持ちだけ ありがたく頂戴いたします**

（実例） ご親切にありがとうございます。お気持ちだけ、ありがたく頂戴いたします。

POINT 感謝の気持ちを伝えつつ、はっきりと断りたいときに、上記の言いかえフレーズが便利です。

● シーン

催促・忠告

催促・忠告は言いづらいものですが、仕事を
進めるうえで伝えなければいけない場面もあ
ります。相手が聞き入れやすいようにスマー
トな言葉を身につけておきましょう。

▼

返事を催促するとき

 先日の件、どうなってますか

**○ ○○の件について、
ご検討いただけましたでしょうか**

（実例）○○の件について、ご検討いただけましたでしょう
か。ご一報いただけましたら幸いです。

POINT 催促は責めているように聞こえかねないので、状況
確認したうえで要望を伝えるようにしましょう。

急いでほしいとき

 早くしてください

**○ 急かすようで
申し訳ないのですが**

（実例）○○さん、急かすようで申し訳ないのですが、その
後いかがでしょうか。

POINT あからさまに急かすと角が立ちます。進捗状況を確
認することで、暗に急いでほしいと伝えましょう。

入金を催促するとき

✕ 入金がまだですけど

○ 行き違いでしたらご容赦ください

(実例) 行き違いでしたら恐縮ですが、ご入金が確認できていないようです。

POINT 相手が忘れていると思ってもそれを伝えては失礼です。まずは様子を伺うことから始めます。

改善してほしいとき

✕ なんとかしてください

○ 〜していただけると助かります

(実例) 次回は期日を守っていただけると助かります。

POINT 命令口調を避けながら、どのように改善してほしいのかを具体的に伝えましょう。

細かい指摘をするとき

✕ ちょっと気になったんですが

○ 些細なことで恐縮ですが

(実例) 些細なことで恐縮ですが、ビジネス・マナーの「・」は不要ですので、削除をお願いします。

POINT 上記の言いかえのように遠慮がちに切り出すことで、偉そうな態度に見えないよう気をつけましょう。

迷惑していると伝えるとき

 迷惑しています

 大変困惑しております

(実例) ○○様となかなかご連絡がとれないようで、大変困
惑しております。

POINT 直接的な言葉を避けつつも毅然とした態度を取り、
困っていることを明確に伝えます。

相手が間違っているとき

 話が違います

 お約束と違うようですが

(実例) 私の記録では○○となっておりまして、お約束とは
違うようですが。

POINT 相手が約束とは違うことをしていたり言っていたり
しても、感情的にならずに冷静に指摘しましょう。

無理な要求をしてくる相手に

 こちらのことも考えてください

 ご配慮いただけると
ありがたいです

(実例) こちらの人数にも限りがございます。その点、ご配
慮いただけますとありがたく存じます。

POINT 冷静にこちら側の事情を説明しながら相手に頼めば、
話を受け入れてもらいやすいです。

相手の事情にも配慮しながら

| ✕ | 大変なのはわかりますが |

| 〇 | **何かご事情が
おありかと存じますが** |

（実例）何かご事情がおありかと存じますが、可能な限り速やかにご連絡いただけますと幸いです。

POINT 相手への配慮を先に示すことで、厳しい忠告や注意をしても、穏便に受け入れてもらいやすくなります。

反省している相手に

| ✕ | 今後は気をつけてください |

| 〇 | **一緒によいものにしましょう** |

（実例）今回の反省点を踏まえて、次からは一緒によいものにしましょう。

POINT 反省している相手に追い打ちの言葉は逆効果です。寄り添う姿勢をとると元気づきます。

念を押したいとき

| ✕ | くれぐれもお願いします |

| 〇 | **お含みおきください** |

（実例）今後のことにつきまして、お含みおきくださいますよう、お願い申し上げます。

POINT 上記は心に留めておいてほしいことを伝える尊敬表現で、強く念押ししたいときに使えるフレーズです。

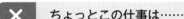

● シーン

断る

せっかくの依頼をスケジュールの都合などで
断らなくてはいけない場面があるでしょう。
ただ断るだけではなく、次につながる断り方
をすることがビジネスでは大切です。

やんわりと断りたいとき

 × ちょっとこの仕事は……

○ **今回は見送らせてください**

(実例) 今回は見送らせてください。この度はお役に立てず、
申し訳ございません。

POINT 断りたいが次にもつなげたい場合に、上記のように
今回だけと強調すると、やんわりと断れます。

条件が合わないとき

 × うちではこれは無理です

○ **この条件ですと、
お受けするのは厳しいです**

(実例) この条件ですと、弊社では、お受けするのは厳しい
状況です。申し訳ございません。

POINT 「無理です」では、交渉の余地すらなくなってしまい
ます。言いかえて、率直に状況を伝えましょう。

次の依頼につなげたいとき

✕	またの機会にお願いします

○	次の機会がありましたら お手伝いさせてください

(実例) 今回はご期待に沿えない結果となりましたが、次の機会がありましたらお手伝いさせてください。

POINT きっぱり断ると次に依頼されない恐れがあります。今後も取引を続けたい意思を示しましょう。

手をつくしたが引き受けられないとき

✕	がんばったんですけど

○	こちらでも最大限努力したのですが

(実例) 人員や日程などこちらも最大限努力したつもりですが、ご希望には添えないかと……。

POINT 相手の要望に応えようと努力したが無理という断り方は、相手も納得しやすいものです。

ポジティブに納期を断る

✕	今月中は無理です

○	来月に納品ということでしたら、 喜んでお引き受けします

(実例) この○○という商品を来月なら喜んでご希望の1万個納品できるのですが……。

POINT 「喜んで」というポジティブな印象の言葉を使うと、断っても印象があまり悪くなりません。

謝罪

謝罪の言葉や姿勢は、会社や自身の信用を大きく左右するものです。相手にしっかりと誠意と十分な謝罪を伝えるために、言い方や言葉の選び方が大切です。

事情を述べて謝罪するとき

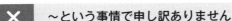

✕	～という事情で申し訳ありません
○	**陳謝いたします**

（実例）この度の事故は当社の管理不足によるものです。ご迷惑をおかけしましたこと深く陳謝いたします。

POINT 「陳謝」は事情を述べて詫びるという意味です。公式に理由を説明するときに使います。

かしこまった謝罪をするとき

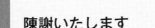

✕	大変申し訳ございません
○	**謹んでお詫び申し上げます**

（実例）この度は、多大なるご迷惑をおかけしましたこと、謹んでお詫び申し上げます。

POINT 正式な謝罪の場面では格式ばった言葉で真摯な姿勢を示しましょう。文書で多く使われるフレーズです。

3

仕事先での言い方

135

許してもらいたいとき

✕	どうか許してください

◯	**何卒、ご容赦願います**

(実例) 誤った情報をお伝えしてしまったこと、何卒、ご容赦くださいますようお願い申し上げます。

POINT 相手に許してもらい今後の付き合いを続けたいときは、かしこまった言い方で許しを乞いましょう。

取り返しのつかない状況のとき

✕	いくら謝っても仕方ないですが……

◯	**お詫びして済む問題ではないと重々承知しております**

(実例) お詫びして済む問題ではないと重々承知しておりますが、誠に申し訳ございませんでした。

POINT 取り返しのつかない重大なトラブルでも、上記のように、謝罪を重ねましょう。

対面で謝罪したいとき

✕	近いうちにお詫びに伺います

◯	**すぐお詫びに伺います。本日はお時間いただけますか**

(実例) 誠に申し訳ございませんでした。すぐお詫びに伺います。本日はお時間いただけますでしょうか。

POINT 相手に重大な迷惑をかけた場合、できるだけ早く対面で謝罪に行ったほうがいいことがあります。

反省しているとき

 気をつけます

 肝に銘じます

（実例）ご指摘を肝に銘じ、今後は細心の注意を払います。

POINT 注意や忠告を受けたら、反省して今後に活かそうと
する意思を示しましょう。

深く反省しているとき

 反省してます

 猛省しております

（実例）この度は、大変ご迷惑をおかけいたしました。本件
につきましては、猛省している次第です。

POINT 「猛省」は、反省の気持ちを強調する言い方です。特
に手紙やメールなどで使うと効果的です。

部下のミスを謝るとき

 うちの若い者が迷惑をかけました

 私の監督不行き届きでした

（実例）私の監督不行き届きでした。今後も同じことを繰り
返さないよう、指導してまいります。

POINT 部下のせいにしていては、無責任な上司に見えます。
上司が自分の責任として謝罪しましょう。

約束に遅れたとき

✕	お待たせしました

〇	お待たせいたしまして、 大変申し訳ございません

(実例) 大変長らくお待たせいたしまして、誠に申し訳ございませんでした。

POINT ✕には謝罪の意味が含まれていません。約束に遅刻してしまったら、丁重にお詫びするべきです。

知識不足を謝るとき

✕	まだあまり知らなくて……

〇	不勉強で 申し訳ございません

(実例) 私の知識が足らず、理解が不十分でした。不勉強で申し訳ございません。

POINT 自分の知識や経験不足で迷惑をかけたら、「知らない」等で済ませず、上記に言いかえて謝罪を。

相手を怒らせてしまったとき

✕	怒らせてしまったようで……

〇	ご気分を害してしまい、 誠に申し訳ございませんでした

(実例) ミーティングでの私の発言、○○様のご気分を害してしまい、誠に申し訳ございませんでした。

POINT 怒らせた自分の失態を認めたうえで謝罪を。✕の言い方は怒りの理由が不明で、さらに怒らせます。

● シーン

商談・打ち合わせ

取引先の担当者や顧客が来社してきたり、先方に訪問することがあります。わかりやすい言い方・説明を心がけ、お互いが納得いく話し合いができるようにしたいものです。

企画や商品の説明をするとき

 まず○○です。また△△もあります

 ○○について、
特長は3点あります

（実例）それでは説明させていただきます。まず○○という
製品につきまして、特長は3点あります

POINT 初めに要点の数を挙げてから詳しい説明を始めることで、相手が話に集中しやすくなります。

説明の終わりに

 以上で終わります

 ご不明な点はございませんか

（実例）説明は以上となりますが、これまでの説明でご不明
点はございませんか？

POINT 説明が終わったら相手に確認しましょう。説明が長い場合は要所ごとにたずねると親切です。

3

仕事先での言い方

相手の反応を知りたいときに

×	どうでしょうか
○	忌憚のないご意見を お聞かせください

(実例) ○○製品についていかがでしょうか？　どうぞ、忌憚のないご意見をお聞かせください。

POINT 相手の反応がいまいちな場合でも、否定的な聞き方は×。率直な意見・考えをもらうと話が前進します。

決めきれない様子の相手に

×	どうしますか
○	御社にとっても 損はない話だと思います

(実例) さらに○○年のサポートをお約束します。御社にとっても損はない話だと思います。

POINT 相手に決断を迫りたいとき、煮えきらない様子なら上記のように強気でもうひと押ししてみましょう。

折り合いがつかないとき

×	埒（らち）が明きませんね
○	持ち帰って、 改めて提案させていただきます。

(実例) 一度持ち帰りまして、改めて提案させていただきます。

POINT 話し合いが膠着（こうちゃく）して結論が出ないときは、時間の浪費を避け、上記のように潔く切り上げましょう。

● シーン

接待・会食

仕事のお付き合いで会食や飲み会などの場に
行くこともあるでしょう。お酒が入っても相
手に失礼のない言動を心がけ、楽しいひと時
を過ごせるようにしたいものです。

▼

取引先の人を酒席に誘うとき

 接待したいのですが

 一席設けさせて
いただきたいのですが

(実例) 一席設けさせていただきたいのですが、ご都合をお
聞かせ願えませんか？

POINT 取引先の人をもてなすとき、「接待」と直接言わずに、
上記のように提案するのが社会人のマナーです。

上司と一緒に接待を受けるとき

 私も行かせていただきます

 ご相伴にあずかります

(実例) ○○取締役のご厚意に甘えて、私もご相伴にあずか
ります。

POINT 上司に誘われて一緒に接待を受けるときは、上記の
ように言いかえれば、謙虚な姿勢も表せます。

飲食を始めるとき

✕	どうぞ食べてください

〇	**どうぞ、お召し上がりください**

（実例）みなさんお揃いでしょうか。それではどうぞ、お召し上がりください。

POINT 相手が遠慮しないよう、もてなす側から正しく尊敬語で声をかけて、食事を始めましょう。

料理を注文するとき

✕	何にしますか

〇	**何かお好みはございますか**

（実例）○○さん、お料理ですが、何かお好みはございますか？

POINT アラカルトの場合、もてなす側が相手の好みを確認しながら注文を取りまとめます。

料理の感想を聞きたいとき

✕	味はいかがですか

〇	**お口に合いますでしょうか**

（実例）○○さん、この△△はお口に合いますでしょうか？

POINT 味についてそのままたずねると答えにくいものです。あくまで好みに合うかどうかを聞きましょう。

お酌をするとき

 どうぞどうぞ

 おひとつ、いかがですか

(実例) ○○さん、お近づきのしるしに、おひとつ、いかがですか?

POINT グイグイとお酒をすすめると引かれることも。上記の定番フレーズで、気さくにお酌をしましょう。

お酒を控えようとして断るとき

 飲めないので

 あいにく不調法なもので

(実例) 実はあいにく不調法なもので、代わりにおいしいお料理をいただいています。

POINT 上記のように残念さをにじませつつ「お料理を」と続けると、スマートで相手に気もつかわせません。

お酌を断るとき

 結構です

 お構いなく

(実例) どうぞ、お構いなく。もう十分楽しみましたので。

POINT 飲みたくないときに、空いたグラスに注がれそうになったら、上記の言葉でやんわりと断りましょう。

相手がお酌をしてくれたとき

×	そんな、いいですよ

○	**恐れ入ります**

(実例) これはこれは、○○さんから直々にとは、恐れ入ります。ありがとうございます。

POINT とくに目上の人がお酌してくれた場合、遠慮して断るのは失礼です。グラスは両手で持ちましょう。

おごりを申し出るとき

×	こちらで払いますから

○	**こちらの顔を立てさせてください**

(実例) こちらの顔を立てさせてください。お誘いしたのはこちらですから。

POINT 直接的な言葉を避けたほうが、相手が遠慮しすぎずに済みます。自分がもてなす側なら○のように。

相手のおごりを断る

×	私の分は払います

○	**かえって気づまりですから**

(実例) そんな、恐縮でございます。かえって気づまりですから、私にも……。

POINT 相手の好意を無下に断ると、気分を害されることもあります。上記のように言い添えて断りましょう。

144

雑談・社交辞令

取引先の担当者やお客さまと、仕事以外の話
などする機会もあると思います。和やかにコ
ミュニケーションをすることで、その後の関
係も円滑になるようにしたいものです。

感心したとき

 なるほどですね

 勉強になります

(実例) ○○さんのお話は、大変勉強になります。

POINT 「なるほどですね」は軽薄な印象に感じられることも
あります。敬意を込めるなら○に言いかえを。

同調したいとき

 確かに

 おっしゃる通りです

(実例) ○○さんの、おっしゃる通りですね。よくわかりま
す。

POINT 「確かに」は、目上の人などには失礼になることもあ
ります。同調するなら○に言いかえましょう。

苦労話に

 わかります

お察しいたします

(実例) それはとても大変なことになりましたね。お察しい
たします。

POINT 相手の苦労を想像して思いやるように、上記の言葉
を伝えましょう。

めでたい話に

 よかったですね

 それはなによりです

(実例) 退院されましたか、それはなによりでございます。

POINT 相手にとって喜ばしい話を聞いたら、嬉しい気持ち
に寄り添うと好印象です。

自慢話に

 いいですね

 羨ましい限りです

(実例) そんなことがあったんですか、羨ましい限りです。

POINT 投げやりな相槌にならないよう気をつけましょう。
上記をあまり繰り返すと卑屈に聞こえることも。

相手の印象を褒めたいとき

 かっこいいです

 頼もしいですね

（実例）○○さんは、頼もしいですよね。

POINT 印象の場合、容姿についての言い方より、雰囲気を褒めるようにすると無難です。

仕事の出来を褒めたいとき

 すごくいいですね

 さすがプロの仕事ですね

（実例）さすがプロの仕事ですね、視点が斬新ですね。

POINT 「いいですね」だけでは物足りない印象です。アイデアなども褒めるなら、実例のように足しましょう。

仕事ぶりを褒められたとき

 大したことないです

 励みになります

（実例）ありがとうございます。そう言っていただけると、とても励みになります。

POINT ×の言い方は嫌味に聞こえます。謙虚な姿勢を表すなら、上記に言いかえましょう。

147

褒められて謙遜するとき

 ✕ いえいえ、そんな……

 ○ もったいないお言葉です

（実例）そう言っていただけるなんて、私にはもったいない
お言葉です。

POINT 謙遜するつもりでも褒め言葉を否定しすぎると印象
が悪いです。敬意と感謝の気持ちを込めましょう。

褒め返すとき

✕ ○○さんこそ、すごいです

○ ○○さんのような方に
褒めていただけて光栄です

（実例）○○さんのような方に褒めていただけて、大変光栄
です。ありがとうございます。

POINT 単に褒め返すと白々しくなります。相手を立てるよ
うな受け答えをしてみましょう。

相手の優越感をくすぐりたいとき

✕ すごいですね

 ○ うらやましい限りです

（実例）なんでもお上手なんですね。うらやまし限りです。

POINT 相手の長所や能力をほめるときに汎用的に使える言
葉です。相手は気持ちよくなるでしょう。

メール

ビジネスにおけるメールは、仕事関係の連絡
事項、とくに重要な案件などもやりとりされ
るものなので、その使い方をしっかりとマス
ターしておきましょう。

▼

初めてメールを送る相手に

 はじめまして

 突然のメールで失礼いたします

(実例) 突然のメールで失礼いたします。
私○○と申します。

POINT 「はじめまして」は、文章では軽い印象に。初めての
相手にメールを送るときの挨拶は上記が定番。

〜〜〜〜〜〜〜〜〜〜〜〜〜〜〜〜〜〜〜〜〜

ビジネスメールの文中で

 〜させていただきます

 〜いたします

(実例) また、来週、連絡いたします。
よろしくお願いします。

POINT 「させていただきます」が連続する文章は、読みにく
い上に恩着せがましい印象を持たれます。

3

仕事先での言い方

149

新しい取引先に

✕	次回 MTG は○時でフィックスです

○	次回の打ち合わせは、 ○時開始で確定します

(実例) 次回の打ち合わせは、○日の○時開始で確定します。
よろしくお願いします。

POINT 「MTG」などの略語や「フィックス」などのカタカナ語は、初めは使わないほうが無難です。

週末に送るメールで

✕	お返事は休み明けで結構です

○	お返事は ３営業日以内にいただけますか

(実例) お返事は３営業日以内にいただけますか。
何卒よろしくお願いします。

POINT ✕の文面にすると、休日まで働けと勘違いされかねません。○にかえると誤解を避けられます。

至急の連絡をするとき

✕	取り急ぎご連絡まで

○	取り急ぎのご連絡で 失礼いたします

(実例) 取り急ぎのご連絡で失礼いたします。
○○の件につきまして至急～。

POINT たとえ急いでいても省略せずに「取り急ぎ」と入れましょう。後で必ず詳しい連絡をします。

● シーン

電話

職場の電話は、話したい相手よりも先に取り次がれてから、その相手と話すパターンがほとんどのはず。取り次ぐ側も適切で気持ちよい受け答えをしたいものです。

電話をかけたとき

✕ ○○の件ですが……

○ お時間をいただいてよろしいでしょうか

（実例）お世話になっております。今、お話しするお時間をいただいてよろしいでしょうか。

POINT まず、話すときに相手の都合を確認しましょう。OKなら「ありがとうございます」と伝えます。

電話を取り次いでもらうとき

✕ ○○さんいますか

○ ○○様はいらっしゃいますでしょうか

（実例）私、○○社の△△と申します。営業部第1部の○○様はいらっしゃいますでしょうか？

POINT よく知っている相手でも、取次をお願いする人にまで馴れ馴れしくならないように気をつけましょう。

相手が不在のとき

✕	では結構です

○	後ほど改めまして、 私のほうからお電話いたします

（実例）○○さんが○時戻りとのことでしたら、後ほど改めまして、私のほうからお電話いたします。

POINT 自分からかけ直すのか、相手から折り返してもらいたいのか、明確にするようにしましょう。

同じ相手に何度も電話するとき

✕	言い忘れたことがあって

○	たびたび恐れ入ります

（実例）たびたび恐れ入ります。先ほど電話しました○○です。先ほどの件の補足ですが……。

POINT 電話を切ったあとすぐに電話をした場合は、短く謝ってから本題に入ると、印象がよくなります。

伝言してほしいとき

✕	～と伝えておいてください

○	恐れ入りますが、 伝言をお願いできますか

（実例）恐れ入りますが、○○さんに伝言をお願いできますでしょうか。

POINT いきなり用件を伝えると電話口の相手を混乱させてしまうでしょう。相手が準備できてから話すように。

かけてきた相手が名乗らないとき

 どちら様ですか？

 お名前をお聞かせ願えますか

（実例）恐れ入りますが、お名前をお聞かせ願えますか？

POINT 怪しんでいるように聞こえる恐れがあります。かけてきた相手がわからないときは、実例のように。

電話を取り次ぐとき

 では代わります

 ○○ですね。只今おつなぎいたします

（実例）承知いたしました。○○ですね。只今おつなぎいたします。

POINT 取次先の人の名前を復唱して確認すると親切です。上記のように言いかえると丁寧です。

取り次ぐ相手が不在のとき

✕ **今ちょうどいなくて……**

○ **只今席を外しております**

（実例）○○ですね。○○は、只今席を外しております。

POINT 社内にいるなら上記ですが、外出中の場合は「外出しておりまして○時に帰社予定です」と伝えます。

電話を取り次げなかったとき

| ✕ | どうしましょうか |

| ◯ | **後ほどこちらから
お電話いたしましょうか** |

（実例）○○は只今席を外しておりますが、後ほどこちらか
らお電話いたしましょうか。

POINT　電話相手に対応を任せるのではなく、実例のように
こちらから提案すると相手もお願いしやすいです。

代わりに用件を聞くとき

| ✕ | ちなみにどんなご用件ですか |

| ◯ | **差し支えなければ、
代わりにご用件を承ります** |

（実例）○○は、明日出社の予定です。差し支えなければ、代
わりにご用件を承りますが。

POINT　内容によっては聞くこと自体が失礼になるかもしれ
ません。控えめに申し出るといいでしょう。

相手が急いでいるとき

| ✕ | すぐ呼んできますので…… |

| ◯ | **至急、折り返しご連絡させます** |

（実例）了解いたしました。至急、折り返しご連絡させます。

POINT　慌てて保留にしても余計に相手を待たせてしまうこ
ともあります。上記のように落ち着いた対応を。

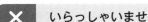

シーン

来客応対

会社にお客様が来社された場合は、案内等も含め見送りまで丁寧にもてなし、心地よく居ていただくよう心がけましょう。急な来客でも慌てずに対応できようにしましょう。

約束していた来客に

✕ いらっしゃいませ

◯ お待ちしておりました

（実例）○○様でしょうか。お待ちしておりました。本日はよろしくお願いいたします。こちらにご案内〜。

POINT 来社の約束をしている相手なら、上記の言い方で出迎えることで歓迎する気持ちが伝わります。

社内で迷っている来客に

✕ どうしましたか

◯ どちらまでお越しですか

（実例）失礼ですが、どちらまでお越しですか。よろしければご用件を伺います。

POINT 玄関先や廊下などで迷っている様子の来客がいたら、丁寧に案内しましょう。

3

仕事先での言い方

155

約束があるのか確認するとき

✕	アポは取ってますか

〇	**恐れ入りますが、 お約束でございますか**

（実例）恐れ入りますが、本日のご来社は、お約束でございますか？

POINT 端的に約束の有無を聞くと、相手を拒絶しているように聞こえることもあります。あくまで丁寧に。

来客を案内するとき

✕	あちらへどうぞ

〇	**ご案内します。こちらへどうぞ**

（実例）お待ちしておりました。ご案内します。こちらへどうぞ。（足元お気をつけください。）

POINT 来客を部屋に通しておく場合は、行き場所を指図するのではなく、場所まで先導します。

部屋で待ってもらうとき

✕	お座りください

〇	**奥の席へおかけになって お待ちください**

（実例）こちらの部屋でございます。奥の席へおかけになってお待ちください。

POINT 部屋に入っていただいたときは、こちらから座席をすすめます。相手もスムーズに座って待てます。

接客・販売

お客様の購入意欲を高めることはもちろん、
お客様への言葉遣いで、会社や商品の印象が
左右することを念頭に置きましょう。好印象
を与える言葉遣いを練習しておきましょう。

確認するとき

 よろしかったでしょうか

 よろしいでしょうか

（実例）ご注文の品は、こちらでよろしいでしょうか？

POINT 現在のことを話しているときに「よろしかった」と
過去形にするのは、間違った用法です。

商品を渡すとき

 こちらになります

 こちらです

（実例）ご注文の品はこちらです。

POINT 何かが変化するわけではないのに「〜になります」
と言うのは、間違った言葉の使い方です。

商品があるか聞かれたとき

| ✕ | それは売ってません |

| ○ | ○○は取り扱いがございません |

(実例) 申し訳ございません。○○はこちらでは取り扱いが
ございません。

POINT 「売ってません」は「取り扱いがございません」、「買
ってください」は「お求めください」にかえます。

購入を迷っているお客様に

| ✕ | 今買わないと売り切れますよ |

| ○ | お取り置きしましょうか |

(実例) こちらの商品、ご検討いただけるなら、よろしけれ
ばお取り置きしましょうか?

POINT 押し売り的な言い方は、印象を悪くすることも。迷
っている相手には、上記のように提案しましょう。

相手の手荷物を持つとき

| ✕ | お荷物のほう、お預かりいたします |

| ○ | お荷物をお預かりいたします |

(実例) お客様、お荷物をお預かりいたします。

POINT 本来「~のほう」は、あちらではなくこちら、とい
う比較や強調として使われる表現です。

クレーム対応

接客業ではなくてもクレームを受ける場面は
あります。切実な内容や苦情を強く言ってく
る人もいますが、冷静に相手の話を聞いたり
する受け答えできるようにしましょう。

詳しく確認したいとき

❌ **どういうことですか?**

⭕ **どのような状況か
お伺いできますでしょうか?**

（実例）差し支えなければ、どのような状況かお伺いできま
すでしょうか?

POINT 何か聞くと相手は責められているように感じること
も。上記のように丁寧に相手の状況を聞きましょう。

苦情の内容を聞いているとき

❌ **はい、はい**

⭕ **ご指摘の通りです**

（実例）（軽く相づちしながら）ご指摘の通りでございます。

POINT 相づちだけでは本当に聞いているのかと疑われます。
静かに相手の話を聞いて上記の言葉を言いましょう。

3

仕事先での言い方

苦情を受けたとき

×	すみません、すみません

○	ご迷惑をおかけして 大変申し訳ございません

(実例) この度は、ご迷惑をおかけして大変申し訳ございません。

POINT 怒っている相手に軽い謝罪ばかりでは火に油を注ぐこともあります。まずは丁寧に謝りましょう。

状況や原因がはっきりしないとき

×	おっしゃることがわかりかねます

○	ご心配をおかけして 申し訳ございません

(実例) (相手の話を聞きながら)ご心配をおかけして申し訳ございません。

POINT 相手の説明不足のせいにしても埒があきません。相手に寄り添い、謝罪すると相手も落ち着きます。

相手が勘違いしているとき

×	それは間違っています

○	○○と承っております

(実例) その件に関しましては、こちらでは○○と承っております。

POINT 「間違い」と直接伝えては、刺々しい印象に。毅然としつつも丁寧にこちらの認識を伝えましょう。

相手に原因がありそうなとき

✕ そんなはずはありません

**◯ もう一度、
ご確認をお願いできますか**

(実例) ～ということでございましたら、もう一度、ご確認
をお願いできますか。

POINT 開き直った態度では相手を不快にさせることも。上
記のように伝えて、丁寧に頼みましょう。

相手にお願いしたいとき

✕ ○○しないでください

**◯ 今後は
○○していただけると幸いです**

(実例) 今後は電源プラグをよく確認していただけると幸い
です。

POINT 「電源プラグを抜かないで」ではなく、実例のように
伝えると、相手に受け入れてもらいやすいです。

今後の対策を提示するとき

✕ 今回はすみませんでした

**◯ 今後このようなことがないよう
取り組んでまいります**

(実例) この度は申し訳ございませんでした。今後このよう
なことがないよう取り組んでまいります。

POINT クレームを受けたら謝るだけではなく、これから改
善していこうとする態度を見せることも必要です。

● シーン

SNS炎上対策

大きな損害をもたらすこともある会社SNS
の炎上問題。炎上前からしっかりと対策を考
えておくとともに、スタッフが迂闊な発信を
しないように心がけましょう。

▼

自社製品の不満が書かれた投稿に

✕	誤解なので消してください

○	差し支えなければ、DMで 詳しくお伺いできませんか？

（実例）投稿を拝見いたしました。差し支えなければ、DM
で詳しくお伺いできませんか？

POINT 不満や悪い口の投稿を見つけてもすぐ消すように頼
まず、まずは上記のように聞いてみましょう。

〰〰〰〰〰〰〰〰〰〰〰〰〰〰〰〰〰〰〰〰

仕事に関する話をするとき

✕	情報開示前ですが、実は……

○	話せるようになったら、 お知らせします

（実例）情報解禁できるようになったら、みなさんにお知ら
せします。

POINT 仕事上の機密情報や情報開示前の内容をSNSに投
稿することは厳禁です。予告までに留めます。

投稿内容が炎上したとき

 そんなつもりではなかったのですが……

○ **不適切な内容がありましたことを
深くお詫び申し上げます**

（実例） ○○についての私の投稿で、不適切な内容がありま
したことを深くお詫び申し上げます。

POINT SNSを始める前に炎上時の対応を決めましょう。言
い訳するとさらに炎上するので、まず謝罪を。

ニュースや事件に言及するとき

 ○○の話はひどいですよね

○ **○○が話題ですね**

（実例） 最近は、よく○○のこと目にしますよね。○○が話
題になってますよね。

POINT 軽い気持ちで言った感想が、反感を買う場合などが
あります。話題のことについては無難な言い方に。

政治などの話題に言及するとき

 ○○党に投票しました

○ **期日前投票に行ってきました**

（実例） 昨日、期日前投票に行ってきました。

POINT 特定の政党や宗派などに偏った投稿は避けたほうが
無難です。トラブルのもとになりがちです。

オノマトペがすごい

日本語は、物事を人に伝える言葉として非常に長けた言語だと先のコラムで書きました。言葉の組み合わせや一文字だけでも物事を表現して伝えることができるすごいものだと書きました。

ここでもうひとつ、日本語表現で、話や会話に"臨場感"を出せる「オトマトペ」を紹介したいと思います。ご存知の方もいらっしゃるかと思いますが、いわゆる「擬声語」や「擬音語」です。自然界の音、動物の声、物事の状態や動きを「音で表現している言葉」です。実は日本語は、世界でも特にオノマトペが多く、情緒豊かな言語といわれています。「ワンワン（犬の鳴き声）」、「ざあざあ（雨音）」、「きらきら（輝いている様子）」、「うろうろ（人が歩き回っている様子）」、「うっとり（恍惚とするさま）」など、確かに英語で雨音をざあざあ（またはザーザー）と言っているシーンを見たことはありませんね。オノマトペを使うと、会話が盛り上がったり、言いたいことがより伝わりやすくなります。日本語のすごいところです。

第 4 章

日常生活にて

家から一歩外に出ると、顔なじみのご近所さんのほか、お店の店員さんなどその場限りで話す人との出会いがあったりします。日常生活のそんな公の場でのマナーや言動はもちろん、いわゆる冠婚葬祭といった場面では、適切な言葉遣いが必要です。

お出かけにて

外に出ると人に道を聞かれたり、また電車で
席を譲ったりなど、見ず知らずの人と話すこ
となどあるでしょう。相手に失礼にならない
言い方のマナーを身につけましょう。

▼

目的地までの道順を聞きたいとき

✕	○○ってどこですか？

○	**○○には、 どのように行けばいいでしょうか？**

（実例） ○○に行きたいのですが、どのように行けばいいで
しょうか？

POINT 場所を聞くだけでなく行き方もたずねましょう。丁
寧に道順を教えてくれた人には、お礼を忘れずに。

路上で道をたずねたいとき

✕	ちょっといいですか

○	**突然お呼び止めして、 申し訳ありません**

（実例） 突然お呼び止めして申し訳ありません。恐縮ですが、
道をたずねたいのですが……

POINT 急に声をかけて相手が困惑しないように、まず非礼
を詫び、すぐに目的を伝えるとよいでしょう。

街中で知人に久しぶりに会ったとき

 こんなところで何をしているんですか？

 おや、お久しぶり

（実例） おや、お久しぶり、○○さん。

POINT 久しぶりに会う知人とは、どこか気まずいもの。気づかない振りより声をかけるほうがよいでしょう。

街中で会社の人に偶然会ったとき

 ○○さんじゃないですか

 こんなところでお目にかかるとは奇遇ですね

（実例） ○○さん、いつも会社ではお世話になっています。こんなところでお目にかかるとは奇遇ですね。

POINT プライベート時に会社の人と出会うと少し気まずいもの。相手が家族と一緒なら実例のように。

4

日常生活にて

出会ったことを内密にしてほしいとき

✕ 誰にも言わないでくださいね

 今日のことはここだけの話にしてもらえますか

（実例） ○○さん、今日ここで会ったことはここだけの話にしてもらえますか。

POINT 会ったこと（その場所等）を吹聴されたくない場合もあります。その場ですぐ内密にと話しましょう。

電車で席を譲りたいとき

×	こちら、座ってください

○	**よろしかったら、こちらどうぞ**

(実例) 次の駅で降りますから、よろしかったら、こちらどうぞ。

POINT 遠慮気味な感じがするなら、実例のように言葉を添えると、相手も座りやすくなります。

荷物が置かれた空席に座りたいとき

×	座るのでどけてください

○	**こちらの席は空いていますか？**

(実例) 失礼致しますが、こちらの席は空いていますか？

POINT 座席に荷物が置かれて座れないときは、荷物の持ち主に空席かどうか失礼のないように確認しましょう。

困っている人に声をかけるとき

×	大丈夫ですか？

○	**何かお困りですか？**

(実例) どうされましたか？　何かお困りですか？

POINT 明らかに困っている様子の人がいたら、手助けを申し出たいところ。相手が遠慮しない配慮を。

順番を譲るとき

 どうぞ

 よろしければお先にどうぞ

実例 失礼しました。よろしければお先にどうぞ。

POINT 人と同じタイミングで並ぼうとして気まずくなることも。急がないなら、譲るようにしましょう。

前を歩く人が落としものをしたとき

 これ、あなたのものじゃないですか

 こちら、落とされたのではありませんか

実例 ちょっとよろしいですか？　こちら、落とされたのではありませんか？

POINT 前を歩く人が何かを落としたらすぐに拾うなり、声をかけましょう。いきなり「あなた」は失礼です。

人と待ち合わせたとき

 遅いよ

 道路が混んでたんでしょう？

実例 それほど待っていませんよ。道路が混んでいたんでしょう？　大丈夫ですか？

POINT 待ち合わせをして、たとえ相手が遅れても責めたりせずに、気遣う余裕を持ちましょう。

4

日常生活にて

シーン

ショッピングなど

店員さんにいろいろすすめられたりなど少なからずコミュニケーションがあるでしょう。臆することなくうまく距離を保って、気に入った商品を手に入れるようにしたいものです。

▼

アパレルショップで声をかけられたとき

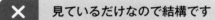

| ✕ | 見ているだけなので結構です |

| ○ | **気になったらお呼びします** |

（実例）ありがとうございます。気になったらお呼びします。

POINT 店員が声をかけてくることがありますが、ゆっくり見て回りたいなら、その意思を伝えましょう。

試着したが好みではなかったとき

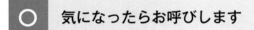

| ✕ | やっぱりやめます |

| ○ | **もう少し考えます** |

（実例）試着しましたけれども、もう少し考えます。また来たいと思いますので。

POINT 断るときは丁寧に言えばいいでしょう。すると、次回も同じように訪れることができます。

170

コスメショップでリップを買うとき

 色ってこれだけしかないの？

 ここに並んでいるもの以外の
色はありますか

(実例) リップは、ここに並んでいるもの以外の色はありま
すか？

POINT 季節の変わり目には新色が並びます。他の色をたず
ねるときも何色か見せてもらいましょう。

ジュエリーショップでアクセサリーを選ぶとき

 ショーケースの中のもの、全部見せて

 この指輪を見せてもらえますか

(実例) こちらにあるものを見たいのですが、この指輪を見
せてもらえますか？

POINT アクセサリーを買うときも、いくつか見比べてみた
いものです。ひとつひとつ丁寧に見定めましょう。

ブティックのウィンドウを見て欲しくなったとき

 これ、ちょうだい

 これ、見せてもらっていいですか

(実例) ウィンドウの服を見せてもらっていいですか？

POINT ディスプレイされている服も礼儀を守れば買わなく
ても構いません。

注文した荷物が届かないとき（長期）

✕	いつ届きますか
○	**まだ荷物が届いていないようです**

（実例）確認したいのですが、まだ荷物が届いていないようです。

POINT 問い合わせはメールが主体となるので、まず状況の確認をするようにしましょう。

注文した荷物が届かないとき（短期）

✕	早く届けてほしいんですけど
○	**行き違いかもしれませんが、 まだ荷がこちらに届いていません**

（実例）もしかしたら行き違いかもしれませんが、まだ荷がこちらに届いていません。

POINT 腹立たしいものですが、感情を爆発させないことが肝要です。対応は冷静にしましょう。

遅れている荷物の到着時間を聞くとき

✕	早く送ってください
○	**送っていただける時間の目安を 教えてもらえますか**

（実例）注文した商品ですが、送っていただける時間の目安を教えてもらえますか？

POINT きついクレームは角が立ちます。まず冷静に、相手に着荷の時間を確認しましょう。

美容院で話しかけられたくないとき

 ちょっと黙ってもらえますか

 今日は
本を読んでいてもいいですか

（実例） ……そうですね、今日は、本を読んでいてもいいで
すか？

POINT 美容師は話しかけてくるものですが、話したくない
ときは、本を手にして読むと伝えるとよいでしょう。

髪型の仕上がりに不満があるとき

 もうちょっと上手にお願いします

 ○○に行くので、
それに合わせてください

（実例） 今晩、○○に行くので、それに合わせた髪型にして
ください。

POINT 具体的な目的を伝えて、それにふさわしい髪型に仕
上げてもらうとよいでしょう。

髪型の仕上がりに満足したとき

 OK です

 素敵に仕上げていただき
ありがとうございます

（実例） 素敵に仕上げていただいてありがとうございます。
今度来るときもまたお願いします。

POINT 満足した気持ちを伝えましょう。実例のように言え
ば、次回も気に入った髪型に仕上げてくれます。

飲食店・パーティー

お酒の席に誘われたり、自分から相手を食事に誘うこともあるでしょう。お店の予約やお料理を楽しむ際のマナーなどを身につけておきましょう。

▼

レストランを予約する

✕	この日は空いていますか
○	○月○日に ○○のために使いたいのですが

実例　○月○日に○○のためにそちらのお店で食事をしたいのですが。

POINT　お祝い、プロポーズなど使う目的をレストランに伝えておき、最高の結果を得るための準備を。

酒席に誘われたとき

✕	ありがとうございます。行きます
○	ぜひご相伴にあずかります

実例　○○さん、ぜひご相伴にあずかります。楽しみにしております。

POINT　仕事相手や目上の人からの誘いを受けるときは、少し下手から感謝を伝え、承諾しましょう。

お酒に強くないのに飲まされそうなとき

 あまりお酒が強くないんです

 不調法ですので

（実例）私、不調法ですので、美味しいお料理のほうを楽しみたいと思います。

POINT 断りにくい人からお酌を受けることもあります。少し酌を受けてから上記の言い回しで返杯しましょう。

酒席で招待した相手にたずねるとき

 食べられないものはありますか

 何か苦手なものはありますか

（実例）○○さん、お料理の中で何か苦手なものはありますか？

POINT 相手を気遣うのが役割のときは、苦手な食材、アレルギー等を確認しましょう。

ご馳走を受けたとき

 本当においしかったです

 お料理も雰囲気も最高でした。私もこんな店に通いたいものです

（実例）○○さん、お料理も雰囲気も最高でした。私もこんな素敵なお店に通いたいものです。

POINT 「おいしかった」だけでは少し軽いです。感謝の気持ちをしっかり伝えましょう。

満足いくサービスを受けられなかったとき

 ✕ この程度のサービスとは失望しました

○ このような対応とは
極めて遺憾です

(実例) 席への案内や料理が運ばれるタイミングなど、この
対応は極めて遺憾です。

POINT 直接的に「失望」などと言うと、言う側の印象も悪
くなりすぎるので、「遺憾」に言いかえましょう。

周囲が騒がしいとき

 ✕ 静かにしてください

○ もう少し
周りに配慮してもらえますか

(実例) 盛り上がっているところ失礼しますが、もう少し周
りに配慮してもらえますか?

POINT 騒がしい人たちに命令口調で詰め寄るよりも、自重
を求める言い方がよいでしょう。

支払いをするとき

 ✕ お愛想お願いします

○ お会計お願いします

(実例) すみません、お会計お願いします。

POINT 支払いをするとき、指で×印をしたりする人がいま
すが、簡素にはっきり伝えるのがスマートです。

ホームパーティーに呼ばれたとき

 会費はいくらですか

 パーティーは会費制ですか

(実例) ○○さん、お招きありがとうございます。パーティー
は会費制ですか？

POINT パーティーに招待されたとき、会費制なのか参加者
の持ち寄りなのか確認しておきましょう。

パーティーで手土産を渡すとき

 これ、つまらないものですが

 **私もこれが大好きなので、
ぜひ召し上がってほしくて**

(実例) お招きありがとうございます。私もこれが大好きな
ので、ぜひみなさんに召し上がってほしくて〜。

POINT 手土産を渡すときは謙遜するより、どれだけ好きか
をアピールすると受け取る側も興味を持ちます。

ホームパーティーを辞するとき

 では帰ります

 明日も早いので失礼します

(実例) とても楽しかったです。ありがとうございました。明
日も早いので失礼します。

POINT ホストは片づけなどあるので、あまり長居すること
なく、早々に辞することで印象がアップします。

● シーン

病院・お見舞い

入院している友人や知り合いを励ます目的で
行くのがお見舞いです。相手の体調を見なが
ら、会話する言葉や話し方を考えましょう。
相手への気遣いが大切です。

▼

入院している人を元気づけたいとき

✕	思ったより元気そうで安心しました

◯	**普段と変わらない様子で、 とても安心しました**

実例 　普段と変わらない様子で、とても安心しました。元
気になったら○○しましょう。

POINT 　「思ったより」と言うと相手を不安にさせます。以前
と変わらないというニュアンスは前向きな印象です。

安静に養生するようにお願いする

✕	早く治して元気になってくださいね

◯	**ゆっくりご養生してください**

実例 　仕事は気にせずに、ゆっくりご養生してください。

POINT 　相手を鼓舞すると、焦らせることになる場合も。ま
ずは体を治してもらいたいことを伝えましょう。

お見舞いの品を渡す

 ぜひ、お受け取りください

 少し気分を変える
きっかけにしてください

(実例) 気晴らしになればいいのですが、少し気分を変える
きっかけにしてください。

POINT 時間を潰すなぐさみが欲しいものです。ただ、押し
つけがましいと不快な印象を与えてしまいます。

退院した後にお見舞いに行く

 回復してよかったです

 お元気そうでなによりです

(実例) お元気そうでなによりです。しばらく用心するに越
したことはありませんね。

POINT 完全に回復したかどうかは本人以外わからないもの。
相手の体調に寄り添った言葉をかけましょう。

お見舞いをしてもらったとき

 来てもらってすいません

 おかげで元気が出ました

(実例) 足を運んでいただき、ありがとうございます。おか
げで元気が出ました。

POINT 申し訳ない気持ちが出がちですが、自分への思いや
りに感謝を表しましょう。

4

日常生活にて

身近な同僚が入院したとき

× さっさと退院して戻ってきてね

○ **仕事のことは心配せずに**

(実例) こちらでフォローできるから、仕事のことは心配せずに元気になることに専念して。

POINT 仕事のほうは大丈夫と安心してもらうようにしましょう。

目上の人が仕事を病気などで離れるとき

× また一緒にお仕事をしたいと思っています

○ **ご全快を心より祈念しております**

(実例) ○○部長、ご全快を心より祈念しております。

POINT 以前と同じように元気になって戻ってきてほしい思いを丁寧に伝えましょう。

仕事相手が入院したとき

× 仕事の件は別の方に聞くので大丈夫です

○ **まずはご回復を第一に考えて、ご静養なさってください**

(実例) ○○さま、まずはご回復を第一に考えて、ご静養なさってください。

POINT 仕事の件を連絡すること自体が負担になることもあるので、極力仕事の話はしないようにしましょう。

手術が成功した後にお見舞いに行くとき

✕ リハビリ、頑張ってください

◯ ひとまず胸をなでおろしました

（実例）手術が無事に終わったと聞き、ひとまず胸をなでおろしました。

POINT 手術が終わったから退院間近とは考えずに、相手の容態に気を配りましょう。

二度目の手術の後にお見舞いに行くとき

✕ 前の手術のときより元気そうですね

◯ 早く元の生活に戻れるように心から願っています

（実例）無事に手術が終えられたとのこと。早く元の生活に戻れるようにと心から願っています。

POINT 絶対に避けるのは「前回との比較」。患者は前よりも悪くなっているのかナーバスになっています。

経過が思わしくない知り合いの見舞い

✕ 大丈夫だよ

◯ とにかく、ゆっくり養生してください

（実例）とにかく、ゆっくり養生してください。会社で待っていますよ。

POINT 病状を知ったとしても、そのそぶりを見せることなく、以前と変わらない心遣いが大切です。

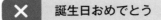

シーン

お祝いごと

幸せなシーンに立ち会えたら、ともに喜びを
分かち合いましょう。嬉しさのあまり、祝う
相手へかける言葉のチョイスを間違えないよ
うにしましょう。

▼

誕生日のお祝いを伝える

✕	誕生日おめでとう
○	**この1年が 素晴らしい年でありますように**

（実例） ○○さんのこの1年が素晴らしい年でありますよう
に。

POINT 相手の誕生日に心を込めたメッセージを送ることで、
より関係が深まることでしょう。

出産したお祝いの気持ちを伝える

✕	出産おめでとう
○	**赤ちゃんのお誕生、 おめでとうございます**

（実例） ○○さん、赤ちゃんのお誕生、おめでとうございま
す。

POINT まず祝うべきは、新しい生命の誕生です。お祝いす
る時期は産後1週間以降がよいでしょう。

結婚式でご祝儀を渡す

✕	こちらどうぞ

○	**本日はお招きいただきまして、ありがとうございます**

（実例）本日は、おめでとうございます。お招きいただきまして、ありがとうございます。

POINT 受付でご祝儀を渡すとき新郎新婦はその場にいなくても、お祝いの気持ちを伝えましょう。

結婚式で新郎新婦に

✕	おめでとうございます

○	**お似合いですね**

（実例）お二人とも、本当にお似合いですね。

POINT 夫婦となる二人にさりげなくあたたかい言葉を贈りましょう。「末永くお幸せに」と添えるのも効果的。

結婚式で新郎新婦の両親に

✕	よかったですね

○	**お幸せそうで本当になによりです**

（実例）お二人とも、お幸せそうで本当になによりです。

POINT 素っ気ない言葉は合いません。二人を見た様子をそのままに、あたたかい気持ちを伝えましょう。

4

日常生活にて

昇進する人へのお祝いの言葉

✕	おめでとう
○	○○への昇進、 本当におめでとうございます

実例 ○○への昇進、本当におめでとうございます。着実に偉くなられていますね。

POINT 昇進のお祝いを伝えるときは役職なども加え、具体的に言いましょう。

栄転する人へのお祝いの言葉

✕	引っ越しとか大変そうですね
○	今後、新天地でのますますの ご活躍を祈念しております

実例 新人の頃からお世話になりました。今後、新天地でのますますのご活躍を祈念しております。

POINT 昇進して転勤することなので、出世の階段を登っている意味でもお祝いの言葉を伝えましょう。

就職のお祝いの言葉

✕	希望したところに就職できてよかったね
○	あなたの夢が叶って 自分の事のようにうれしいです

実例 ○○さん、あなたの夢が叶って自分の事のようにうれしいです。

POINT 相手が新天地で頑張る気持ちになれるような言葉を贈りましょう。

入学のお祝いの言葉

 入学おめでとう

 **新天地で充実した生活を送り、
夢に向かって歩んでください**

(実例) 入学おめでとう。新天地で充実した生活を送り、夢
に向かって歩んでください

POINT 人生の節目となることですから、より一層の飛躍を
願う気持ちをメッセージに込めましょう。

同期や上司の昇進のお祝いを伝える

 昇進おめでとうございます

 **卓越した能力とお仕事に対する
情熱の賜物と存じます**

(実例) 昇進おめでとうございます。卓越した能力とお仕事
に対する情熱の賜物と存じます。

POINT 同期や上司の昇進が決まったら祝意を伝えるのが社
会人のマナーです。

開業のお祝いを伝える

 開業できてよかったですね

 努力の積み重ねの賜物ですね

(実例) 開業おめでとうございます。努力の積み重ねの賜物
ですね。今後に期待いたします。

POINT 「失う」「閉じる」などネガティブなイメージの言葉
は NG です。今後へのエールを贈りましょう。

お悔やみ

葬式やお通夜に伺う際は丁寧な言葉遣いが必要になります。気落ちしているであろうご家族や列席者に対しての気遣いの言葉や振る舞いも大切になります。

▼

お葬式で遺族に声をかける

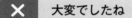

✕	大変でしたね

◯	お役に立てることがあれば、おっしゃってください

（実例）何かお役に立てることがあれば、なんなりとおっしゃってください。

POINT　遺族にお悔やみの言葉をかけます。つらい気持ちが少しでも和らぐようにしたいものです。

――――――――――――――――――――

お葬式でお香典を渡す

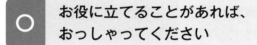

✕	こちらどうぞ

◯	この度はお悔やみ申し上げます。ご霊前にお供えください

（実例）この度はお悔やみ申し上げます。こちらをご霊前にお供えください。

POINT　お悔やみの言葉は、短く簡潔にまとめ、哀悼の意を込めましょう。

186

お葬式で遺族をいたわる

 早く元気になってください

 故人のためにも
あまりお力を落とさずに

（実例）ご無念でしょうが、故人のためにもあまりお力を落とさずに。

POINT 遺族に元気を出させるのも酷なものです。せめて気持ちがこれ以上下がらないようにとの思いを。

突然に亡くなったとき

 急なことで驚きました

 突然なことで
まだ信じられない思いです

（実例）私も、突然なことでまだ信じられない思いです。

POINT 自分の驚きよりも、報せを聞いたけれど、それを打ち消したい気持ちを込めましょう。

夫を亡くした妻へ

 不安でしょうが何とかなりますよ

 ご主人様には
ひとかたならぬお世話になりました

（実例）ご愁傷様でございます。ご主人様にはひとかたならぬお世話になりました。

POINT 残された妻は将来への不安が強くなります。彼女の気持ちに寄り添い、故人への感謝を伝えましょう。

妻を亡くした夫に

✕	いつまでも悲しまないで
○	**力を落とされていると思いますが、健康を損なわれませんように**

実例 力を落とされていると思いますが、ご自身の健康を損なわれませんように。

POINT 妻への依存度が高い夫ほど喪失感は大きいです。健康への気配りがせめてもの慰めになります。

子どもを亡くした親へ

✕	元気を出さないと亡くなった子も悲しみます
○	**かける言葉も見つかりません**

実例 かける言葉も見つかりません。

POINT 子どもに先立たれることほど辛いことはありません。基本的にはそっと見守るような姿勢でいましょう。

高齢で亡くなった故人の家族へ

✕	長生きされてよかったですね
○	**ご長寿とはいえ残念です**

実例 ご長寿とはいえ残念です。心からお悔やみ申しあげます。

POINT 「大往生です」は遺族が口にする言葉です。悲しみの中にいる遺族への心配りを忘れないように。

神道でのお悔やみの言葉

 ご冥福をお祈りいたします

 御霊のご平安をお祈りいたします

（実例）安らかに眠られますよう、御霊のご平安をお祈りいたします。

POINT 神道においては、仏教とは異なる宗教なので、「成仏」や「供養」という言葉も使いません。

キリスト教でのお悔やみの言葉

 成仏なさってください

 神の御許にお導きがあらんことをお祈り申し上げます

（実例）安らかな眠りにつきますよう、神の御許にお導きがあらんことをお祈り申し上げます。

POINT 死は「永遠の命のはじまり」とされ、「お悔やみ」や「ご愁傷様」という言葉は不要となります。

お葬式やお通夜を欠席するとき

 申し訳ないのですが欠席します

 あいにくずらせない予定があり、お葬式にはお伺いできません

（実例）あいにく予定があり、お葬式にはお伺いできません。改めて弔問に伺わせていただきます。

POINT どうしても参列できない場合は、理由を説明し「改めて〜」と伝えるとよいでしょう。

4

日常生活にて

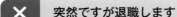

シーン

季節の挨拶

人付き合いの基本は挨拶から。人生の節目で
いろいろな人に挨拶するシーンがあるでしょ
う。また、季節にあった挨拶のフレーズがあ
ります。

転職をすることを伝えるとき

✕ 突然ですが退職します

**○ 一身上の都合により
退職することとなりました**

(実例) 一身上の都合により退職することとなりました。皆
様のご活躍をお祈りしております。

POINT お世話になったクライアントなどに退職の挨拶をす
る場合は、退職の理由は詳しく書きません。

入社の挨拶

✕ よろしくお願いします

○ 戦力になるように頑張ります

(実例) 右も左もわからない未熟者ですが、戦力になるよう
に頑張ります。

POINT 入社していきなり自己主張をするのもリスクがありま
す。まずは下手に出ましょう。

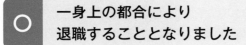

190

自己紹介でアピールする

 要領が悪くて……

○ **要領はよくありませんが、
丁寧な仕事がモットーです**

（実例）要領はよくありませんが、丁寧な仕事がモットーで
す。おおらかでクヨクヨしない性格です。

POINT 大切なことは「何ができるか」です。文末にアピー
ルポイントを置けば、その印象が強くなります。

定年退職する上司への挨拶

 お疲れ様でした

 **心温まるご指導
ありがとうございました**

（実例）○○部長、これまで心温まるご指導、ありがとうご
ざいました。

POINT 何よりも伝えたいのは感謝。目上の方へ送る言葉な
ので、フォーマルなメッセージがよいでしょう。

担当が変更になったとき

 担当が変わりましたのでお伝えします

○ **担当となった○○と申します。
何なりとお申しつけください**

（実例）ご担当となった○○と申します。何なりとお申しつ
けください。ご不明なところはございませんか？

POINT 相手は不安なので、できるだけその不安感を取り除
く配慮を心がけましょう。

クライアントなどへの新年の挨拶

×	あけましておめでとうございます

○	**謹んで新春をお祝い申し上げます**

（実例）旧年中は大変お世話になり、誠にありがとうございました。謹んで新春をお祝い申し上げます。

POINT 取引先に新年の挨拶をするときは、相手の立場に関係なくフォーマルな形がよいでしょう。

春（3月～5月）の挨拶

×	めっきり春めきました

○	**春風を感じる頃となりました**

（実例）暖かな日差しと、春風を感じる頃となりました。

POINT 春風は春全般に挨拶として使えます。3月「早春の候」、4月「陽春の候」、5月「新緑の候」です。

夏（6月～8月）の挨拶

×	酷暑が続きますが……

○	**暑い日々が続きますが……**

（実例）暑い日々が続きますが、くれぐれも健康にお気をつけください。

POINT 酷暑は7月下旬から8月上旬まで。6月「初夏の候」、7月「盛夏の候」、8月「残暑の候」です。

秋（9月〜11月）の挨拶

 暑さも収まりました

 秋風を感じる頃となりました

（実例）秋風を感じる頃となりました。実り多い秋を迎えら
れていることと存じます。

POINT 秋の挨拶は月によって使い分けを。9月「初秋の候」、
10月「爽秋の候」、11月「晩秋の候」です。

冬（12月〜2月）の挨拶

 めっきり寒くなりましたが

 寒風吹きすさぶ頃

（実例）寒風吹きすさぶ頃ですが、お変わりなくお過ごしで
しょうか。

POINT 12月「師走の候」、1月「寒風の候」、2月「残寒
の候」です。1月の「新春の候」は15日まで。

暑中見舞いを送る

 猛暑いかがお過ごしですか

 暑中お見舞い申し上げます

（実例）暑中お見舞い申し上げます。暑い日が続いておりま
すが、お変わりなくお過ごしでしょうか。

POINT 暑中見舞い（立秋以降は残暑見舞い）は定型の文章
で始めるとよいでしょう。

4

日常生活にて

● シーン

あいまいな言葉

あいまいな言葉や表現を使っているために相手に理解されていないことがあります。具体的な数字や時間を言うことで、相手とのすれ違いも減るでしょう。

▼

申し出を断るとき

✕	結構です

○	**遠慮させていただきます**

（実例） 今回は遠慮させていただきます。

POINT 「結構です」は否定、肯定のどちらでも使われます。状況によっては逆の意味で伝わることも。

～～～～～～～～～～～～～～～～～～～～

意見などを聞かれたとき

✕	大丈夫です

○	**意見はありません**

（実例） ○○さんのご意見に対して、こちらから反対意見などはありません。

POINT 「大丈夫」はよく使われますが、話の内容によっては何が大丈夫なのかわからない曖昧な表現です。

普段より多い数を頼むとき

 資料を多めに持ってきて

 いつもより３人分多く
資料を持ってきてください

（実例）○○さん、会議室にいつもより３人分多く資料をもってきておいてください。

POINT 数や量のあいまい表現はすれ違いのもとです。頼まれた側も適当な対応になってしまいます。

費用がかかることを伝えるとき

 少し追加料金がかかります

 10 万円ほどの
追加料金がかかります

（実例）○○を頼む場合、10 万円ほどの追加料金がかかりますね。

POINT お金のことは言いにくい場合「少し」などと言葉を濁しがちですが、トラブルになりかねません。

距離を伝えるとき

 駅からそこそこ歩きます

 駅から 20 分くらい歩きます

（実例）おすすめのレストランは、○○駅から 20 分くらい歩きます。

POINT 距離を伝える場合、体感的な伝え方は正確性に欠けます。なるべく具体的な数字を伝えましょう。

4

日常生活にて

195

日程・時間のあいまい表現①

✕	今週中にご連絡いたします
○	今週金曜日の 17 時までに ご連絡いたします

（実例）○○の件ですが、今週金曜日の 17 時までに結果を
ご連絡いたします。

POINT 「今週中」は金曜から日曜まで人によりにバラつきが
あります。日時などは具体的に伝えるように。

日程・時間のあいまい表現②

✕	ちょっと席を外します
○	15 分ほど、席を外します

（実例）○○さん、私、15 分ほど席を外しますね。

POINT つい「ちょっと」と言いがちな短時間の席外しなど
でも、具体的な時間を伝えるようにしましょう。

日程・時間のあいまい表現③

✕	早めに始めます
○	いつもより 10 分早く始めます

（実例）明日の会議は、いつもより 10 分早く始めます。

POINT 時間を人に伝えるときは、たとえ短時間でも具体的
な数字を言うように心がけましょう。

あいまいなほめ方①

 普通においしいです

 とてもおいしいですね

（実例）この餃子、とてもおいしいですね。

POINT とてもおいしいことを「普通」と強調する人がいますが、誤解されることもあります。

あいまいなほめ方②

 そういう時計いいですね

 素敵な時計ですね

（実例）○○さんは、左腕に素敵な時計をされてますね。

POINT 「そういう」などの指示語は見下したイメージがあります。ほめている印象が薄れてしまいます。

あいまいなほめ方③

 スマートな方ですね

 頭が切れる方ですね

（実例）○○さんは、本当に頭が切れる方ですね。

POINT 複数の意味に解釈できるカタカナ語には注意が必要。別の意味に受け取られる可能性もあります。

4

日常生活にて

おわりに

　人と話をすると気持ちが伝わり合います。その言い方で、相手がどんな気持ちなのか察しがついたりします。

「忖度」という言葉が話題になりましたが「日本は察する文化」などといわれ、言わなくても何を考えているのかわかりあえる人たちと揶揄されたりもします。実際は、わかりあえているなんて……ですよね。

　その察する文化が邪魔をしているのか、言い方が悪いのか、日常では言っているのに伝わってなかったり、違うニュアンスで伝わってしまったりと問題が起きたりします。

　そして、それを解決するのも言い方です。言い方、もしくは言葉の選び方も大切ですね。

　そんな「言い方」と「言葉の選び方」に気をつけると、言ったそばから相手が行動を起こしてくれたりします。それも、本人も気持ちよく動いてくれたりするのです。

本書では、そんな気持ちよく人が動いてくれる言い方や言葉のチョイスをそれまでの言い方から変える＝言いかえとして、その言いかえフレーズを紹介しています。

　みなさんの日常生活に本書の言いかえフレーズが役立つことを願っています。

佐藤幸一

佐藤幸一 （さとう・こういち）

1961年大阪府生まれ。大学卒業後、大手広告代理店で働きはじめるが、月間200時間にもおよぶ残業と職場の人間関係に悩まされ、3年で退職。両親が営む会社で働くも業績悪化により会社は倒産、多額の借金を背負い再就職活動へ。このときの活動で悩んだことをきっかけに、コミュニケーションや心理学を研究する。その後、不動産会社の営業として再就職を果たし、5年で借金を返済。現在は、コンサルタントとして大手企業の人材育成や職場のコミュニケーション活性化支援をライフワークとしている。著書に『『見るだけで語彙力アップ！ 大人の「モノの言い方」ノート』『見るだけで語彙力アップ！ ビジネスに効く 大人の「漢字」ノート』『新人からベテランまで使える大人のための敬語の使い方BOOK』（以上、総合法令出版）などがある。

大人なら知っておきたい
すごい『モノの言い方』

2024年1月22日　初版発行

著　者　佐藤幸一
発行者　野村直克
発行所　総合法令出版株式会社
　　　　〒103-0001　東京都中央区日本橋小伝馬町15-18
　　　　EDGE小伝馬町ビル9階
　　　　電話　03-5623-5121
印刷・製本　中央精版印刷株式会社